风华绝代
貂蝉

姜 越◎编著

郑州大学出版社

郑州

图书在版编目（CIP）数据

风华绝代——貂蝉 / 姜越编著 . —郑州：郑州
大学出版社，2019.6
　ISBN 978-7-5645-6266-3

　Ⅰ . ①风… Ⅱ . ①姜… Ⅲ . ①传记文学－中国－当代
Ⅳ . ① I25

中国版本图书馆 CIP 数据核字（2019）第 076259 号

郑州大学出版社出版发行
郑州市大学路 40 号　　　　　　　邮政编码：450052
出版人：张功员　　　　　　　　　发行部电话：0371-66658405
全国新华书店经销
河南龙华印务有限公司印制
开本：710 mm×1 000 mm　1/16
印张：15.5
字数：203 千字
版次：2019 年 6 月第 1 版　　　　印次：2019 年 6 月第 1 次印刷

书号：ISBN 978-7-5645-6266-3　定价：49.80 元
本书如有印装质量问题，请向本社调换

前　言

貂蝉是一道迷离的色影，闪烁在三国的刀戈烽烟里。她是月宫仙子，皎洁、娇艳。貂蝉爱英雄，也引得英雄竞折腰：董卓、吕布、曹操……这些名利之徒的钩心斗角屡屡让她失望，最后，她选择了真正的英雄——宝剑。

貂蝉自幼才能出众，聪敏过人，却遭遇家破人亡的横祸，几经周折被选入汉宫，任管理宫中头饰、冠冕的女官，故称"貂蝉"。不曾想，因遭十常侍之乱，后宫喋血，只好避难出宫，后被司徒王允收为义女。董卓暴政，宫廷内外一片腥风血雨，于是，貂蝉又成了王允离间董卓、吕布父子的棋子，一场"喜剧"正要上演。老贼色迷，少年痴狂，在他们心中，貂蝉似乎已超过一切。吕布设计将董卓引出郿坞，成就了一段传奇，也一举夺得貂蝉，从此横方天画戟，挈绝色美人，风流了整个三国。

令许多人遗憾的是，貂蝉以侍婢出现，以死者家属退身。罗贯中在《三国演义》中，叙述了吕布白门楼殒命后，便以一句"妻女运回许都"做了了结。自此，貂蝉的生死成了千古之谜。千百年已过，逝者如斯夫，一身娇艳的她留下了一生的谜团，写就了一段历史。

书中全面详细地讲述了貂蝉一生的悲惨遭遇，从貂蝉的幼年到成年，还有很多可歌可泣的爱恨故事。本书语言生动、活泼，简明通俗，深入浅出，把一代美女貂蝉的生平、功绩、遭遇、历史评说等全面展示给读者。本书在深入挖掘和整理中华优秀传统文化成果的同时，结合社会发展，注入时代精神。

一本好书可以改变无数人的命运。认真阅读名人的传奇故事，深入了解和剖析名人的成功经历，我们可以找到自己与名人的差距，汲取名人积极向上、奋发图强的有益养分，为自己增添激情、活力和勇气。同时，我们还要从反面人物身上识别真伪，认清他们的丑恶面目，从而选择自己正确的人生。

目　录

第一章　千古美人，初入红尘多磨难

传说貂蝉降生人世，三年间当地桃杏花开即凋；貂蝉午夜拜月，月里嫦娥自愧不如，匆匆隐入云中。貂蝉身姿俏美，细耳碧环，行时风摆杨柳，静时文雅有余，貂蝉之美，蔚为大观。正是因为这种美貌，让弄权作威的董卓、勇而无谋的吕布反目成仇，使得动乱不堪的朝野稍得安宁。

第二章　深入宫廷，懵懵懂懂成歌伎

杀戮必然导致衰败，只有花园中的花草树木不知人间忧乐，照样姹紫嫣红。貌美大方的貂蝉成了歌伎，对于宫廷的险恶，貂蝉还不太懂，她唯一能做的就是听从王允的安排。

第三章 柔情陷阱，密谋声讨暴君董卓

这是一个"美人计"，也是一个让人不知所措的"连环计"。王允先把貂蝉暗地里许配给吕布为妻，再明着把貂蝉献给董卓做妾。貂蝉嫁给董卓之后，对吕布暧昧送情，周旋于父子二人之间。

第四章 吕布发怒，方天画戟为貂蝉

貂蝉迷惑了吕布，从此，吕布与董卓互相猜忌。这是一场父与子对美人的争夺，也是一个时代欲望的突显。吕布发怒了，他为了貂蝉，为了他的爱情，与董卓反目成仇，他是为自己，也是为貂蝉。

第五章 鸿门冷宴，爱与恨的徘徊

貂蝉色艺双绝，能歌善舞，她深明大义，愿舍身救国，吕布有异于常人的英雄气概。这是一个被演绎了无数次的爱情故事，这是他们心中刻骨铭心的爱情故事，他们深深地渴望着天长地久、海枯石烂。

第六章　红颜祸水，可怜天下英雄情

由于貂蝉的出现，才有了王司徒巧施连环计的佳话，才有了凶横无忌、权倾一时的董卓宫门前的被戮，才有了武功盖世的吕布白门楼上的殒命。她凭借自己的美貌和智慧，在诸侯争霸的战乱年代，周旋于各诸侯之间，同时，也毁掉了她的青春年华。

附　录

后　记

第一章

千古美人，初入红尘多磨难

　　传说貂蝉降生人世，三年间当地桃杏花开即凋；貂蝉午夜拜月，月里嫦娥自愧不如，匆匆隐入云中。貂蝉身姿俏美，细耳碧环，行时风摆杨柳，静时文雅有余，貂蝉之美，蔚为大观。正是因为这种美貌，让弄权作威的董卓、勇而无谋的吕布反目成仇，使得动乱不堪的朝野稍得安宁。

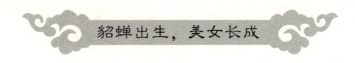

貂蝉出生，美女长成

这是一个四月天，山西忻州木耳村里，大大小小的青蛙开始在月光下歌唱，月亮今晚也格外大方，倾泻的月光把河水映照得像刚榨出的豆油一般，大地一片乳白色。一群群蝌蚪孵化出来，在缓慢流淌的河水里像一团团墨汁一样移动着。河滩上的草发疯般生长着，红得发紫的野茄子花在水草的夹缝里怒放着。

一位年轻妇女静静地躺在一位做木匠的男人身边，这位年轻的女人就是貂蝉的生母。母亲对于貂蝉的到来几乎一无所知，半夜她在梦中听得瑶琴一般的美妙声音从天际拂面而来，她有点飘飘欲仙——雾气氤氲之中，显出一轮雪白的圆月，她诚惶诚恐地看见月门开了，一位身穿白色罗裙的仙女飘然而至。当那仙女的裙带拂掠过她脸颊时，她看见一朵灵芝如蒲公英一般旋落，她伸手欲接，腹部却突然感到一阵钻心的剧痛……

就这样，貂蝉降生到了人世。父亲用宽阔粗大的手掌托着她，温暖着她。她黑玉一样的眼睛在这黑暗的屋子里顾盼游离。当月光从窗外洒进来时，她一下子感到了孤独，"哇"的一声痛哭起来。她的哭声清脆悦耳，把木耳村的人都惊呆了。人们从四面八方拥向她的贫寒之家，几位老者目睹了她那尚未成长的美女之容时，恍然大悟了一声："哦！"

已经有三年了，木耳村的桃花、杏花不知何故都不开了。村里的人以为天将降大祸，开始惶恐起来。如今老者们终于从小小美人的脸上寻到了答案：桃花不开都是因为她。因为她，木耳村的桃花、杏花愧于自己容颜的丑陋，以致不敢开放。

人们陶醉在她的诞生之中。不知何时，天空燃起了一片大火，一只鲜红的圆球从那火中腾跃而出，罩着橙红的亮边，渐渐变得耀目灼眼。它照在月河之上，烂漫的霞光像张开的翅膀一般，笼罩在潺潺东流的月河上，映出一片玫瑰紫的亮色。突然，霞光化作一道灿烂的光柱，整个世界都亮了。

托上苍洪福，这位小女孩后来成了叱咤三国的绝色美人貂蝉。

她是沐浴着月光长大的！

她喜爱月光，这仿佛成了一种天性。每当夜幕降临，风在竹林间轻轻地吹，花儿从树上无声无息地掉落时，她总要走到山崖边，去眺望那一轮从山下徐徐飘浮而起的月亮。她的眼睛如黑玉一般，她的目光美丽而忧伤。有时砍柴人从她身边经过，会看见她脸上挂着的泪珠像寒星一般闪烁。

月光和晚露日复一日地滋润着她，她也一日日地变得更加窈窕动人。

日子就这样在淡淡的月光中悄悄流逝，一晃十四年过去了，珍珠一般的小貂蝉开始闪耀着动人的神采！

月圆之夜多美呀！

无边无际的稻田，月光在颗粒饱满的稻子上铺展开来，清凉的晚风吹过，稻子一起一伏，宛若波涛。

面对稻田，有如面朝大海。

小貂蝉坐在井边，一手撑着井沿，一手抚着额头，她被一种从未有过的慌乱所击倒。

她不知道，自己在这个月圆之夜，已不知不觉地跨进了青春之门。

她长大了！

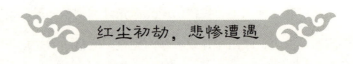

红尘初劫，悲惨遭遇

一千七百年前，月光从幽暗的峡谷上方跌落下来，悠长的垣峡，便被分割成一明一暗的两半。

一支衣衫褴褛的羌胡军队，在主帅的统领下，穿行在月光里，身上的盔甲闪闪烁烁，像一条在峡谷中穿行的河流。尽管这是一支千人的军队，但在这荒无人烟的峡谷里，除了极轻微的呼吸声，没有人语，没有马嘶，没有器物的撞击声。他们自信没有弄出一点可以引起峡上东汉守军警觉的声音，整个队伍就像一条没有声音的长蛇，疾行在蜿蜒曲折的峡谷之间。

突然，一阵令人不寒而栗的大笑从羌胡士兵的头顶上呼啸而过，那笑声好似炸雷一般让人胆战惊心，所有人都抬起了头。

峡谷上，一个身披大氅、手按腰间佩剑的将军，威风凛凛地站在峡上一块突起的巨石上，用傲视千古的目光俯视峡中的羌胡将士，如同一尊在月光下银光闪烁的铁像。只见他长氅一挥，发出一声猛虎般的狂啸。那狂啸震颤着每一个羌胡将士的心，他们预感到

「巾帼红尘」系列

风华绝代——

貂蝉

那狂啸将把他们每个人的生命撕裂。

哗哗的流水之声从身后汹涌而来，羌胡士兵们惊恐地回首，洪水好似千军万马，向他们追击而来。洪水在月光下激荡着、奔跃着、沸腾着、喧嚣着，朝他们弥漫过来……

"董卓决堰放水啦！"一个老兵用嘶哑的声音喊道。羌胡的军队便在洪水的威胁下，整个大乱起来。他们毫无秩序地朝着洪水的反方向狂奔，有的人摔倒了，成为千万只脚下的踩垫……

"造孽啊！"

濒死的羌胡将士们纷纷放下武器，朝着他们崇拜的图腾——圆月跪拜。披大氅的将军董卓被那轮圆月所笼罩，身影坚定不移，按剑仰天大笑。

"饶命，饶命啊——"

绝望的声音被洪水之声淹没。董卓缓缓转身离去。巨石之上，一轮明月高悬，洪水呜咽，羌胡将士傻傻地等待着月光和洪水同时把他们淹没。

数天之后，垣峡之役化作一帖报捷奏书，由一匹快马风驰电掣地送到了弥漫着脂粉气息的长乐宫中。

董卓重返故乡安定城，将一个尸横遍野的疆场远远地抛在了身后。

还是那么圆的一轮月，在太师董卓的府上，却找不到一丝刀光兵刃的痕迹。依然春光烂漫，牡丹竞艳处有蝴蝶和蜜蜂轻掠而过。楼台水榭，有乐工手执箜篌练习新曲。夜幕四合，董府中的春宵美景多少挟带着酸甜之气。巡路的家丁们经过董太师的寝室时，总是绕路而行。

董卓头戴林宗巾，走在轻灵的月光里，织锦神仙服被春风吹拂着，鼓胀飘扬得宛若一面旗帜。

三太太何氏的房中，有灯光泄露出来。董卓带兵在外的几个月里，她感受到一种难耐的寂寞。

她静静地伫立窗前，晕黄的光线将她美丽动人的倩影剪下贴在窗格上，牡丹将它陪衬成春夜的一幅最佳剪影。

董卓推门而入的声音震天动地，一股浓烈的兰麝之香飘溢而出。他的出现使窗前的何氏惊喜地站起，在窗前消失，化作一团温柔，直扑向董卓粗壮如牛的怀里。

董卓黝黑的脸庞四面环顾，虎狼一般的眼睛射出的目光飞快地绕屋一周。

何氏的香闺之中，飘荡着一股书卷气息，这是在董卓离去之前所未有的。案头上，一张黑漆笔挂和三五支笔凌空而立。

靠窗的案几上，七八个砚台一溜儿依次排开。

书案左边，几本厚书在幽暗的灯光里闪闪发光。

鹤形香炉有烟袅袅而起。

董卓的目光落在一幅条幅上，那条幅上的字不易辨认，激荡着一股清逸之气。

这条幅绝非何氏手笔。

何人所为？

何氏被轻轻推开，董卓背着手走向那个条幅，在案几前停下。

何氏苦恼地蹙起了眉。

"这幅字是你写的？"董卓回头问道。

"贱妇哪有这么大的能耐，涂鸦之作怎敢与墙上的佳作相提并论！"何氏故作姿态的话中透射出一股文人的酸气，让董卓倒胃。

董卓又问："不是你写的，那会是谁写的？"

何氏一下被问住了。董卓是好色之徒，如果她把乌迹之书的作者告诉董卓，万一董卓起了淫心，强纳她为妾怎么办？

何氏故意不吭声。

董卓却把目光逼过去，心想，何氏闪烁其词，莫非这幅字是她的情人相赠？咱家一定要问个水落石出。于是，他用低沉的声音问道："到底是谁写的？"

何氏不得不屈服："马夫人。"

"马夫人是谁？"董卓大有打破砂锅问到底之势。

"马夫人是已故辽将军皇甫规之妻。贱妇近日闲来无事，便拜她为师，学习翰墨……"

"辽将军皇甫规的老婆……"何氏的话，将董卓一下子推向了遥远的回忆。

当年董卓还是皇甫规帐下一个无名小辈，随同辽将军皇甫规南征北战的时候，他曾无限迷恋过皇甫规年轻的妻子马氏。

有一次马氏开了个小条，上写"猪肉二十斤，面三斤，羊肉十五斤"，让他去采购。那张小条在他手上整整捏了半年，直到被手心里的汗水浸烂为止。

多年以后，当他功成名就、手握大权的时候，他甚至可以自由进出皇宫，与公主随意发生关系也无人敢声张，但是，马氏依然像迷雾一般在他的梦中隐隐地穿行。

马氏……

董卓长叹一声，那个在他少年时像高挂在高枝上的饱含甜汁的水蜜桃一般的马氏，如今却独守空闺，荒抛青春。

董卓说道："咱……咱家想收拢马氏，你认为怎么样？"

"贱妇劝大人打消了这个念头。"出于一种女人本能的嫉妒，也出于自卫之故，何氏劝董卓道。

董卓不解地问："为什么？"

"马氏不是寻常女流之辈，她出自名门闺秀，熟读诗书，视贞节如生命，皇甫规刚死，她岂肯轻易再嫁？贱妇恐怕大人的厚爱难以回报……"

董卓闻言哈哈大笑："什么贞洁，什么从一而终，我董卓从来不信这一套。我董卓横行天下，盖世无双，顺我者昌，逆我者亡，区区马氏算什么？哈哈哈……"

一炷歪幽袅袅而上。月光袭来。

绝色夫人马氏面对丈夫皇甫规的灵位，心如死灰。

自从皇甫规在千里外一命归天之后，她就将自己的心和丈夫的灵位埋在了一起。年仅三十六岁的她，容貌姣好，风韵犹存。

她的倾国倾城之貌曾引众多公子王孙、达官贵人前来求婚，她却像抽空了心的冰人一般，一律用刺骨的寒冷予以回绝。

皇甫规此时在千里之外的荒郊躺着，平静得仿佛睡去，风吹雨打，狼吞虎咽，已使他的皮肉如泥土一般，他的白骨在月光下银光闪烁，扑朔迷离。

马氏的心此时有如止水。

"小貂蝉，掌灯回房。"马氏的声音缥缈，宛若来自梦境。这使她的侍女小貂蝉产生了一种不真实的虚幻之感。她移动着金莲，月光将她那尚未长成的轮廓十分精细地勾勒出来，就像河边嫩柳一般楚楚动人。

那盏孤灯由她擎起，无比轻灵地飘起，又无比轻灵地向前移去，穿过画廊，向马氏的寝室移去。

孤灯同时照耀着两个人，这便使两种截然相反的情景相互叠现。

孤灯引导着脸上漠无表情的马氏，宛如一盏鬼火在引导一具僵尸，毫无目的地缓缓前移。

孤灯照耀着年仅十二岁的小貂蝉，就像明灯照耀一朵即将绽开的海棠，每向前迈一步，海棠似乎又多了一分绽开的希望。

孤灯飘向了马氏夫人的房中，侍女小貂蝉又将马氏房中的灯一一点亮。马氏的房中，便像过鬼节时在河上漂浮的灯一般，灯影四处可见。小貂蝉每点一盏灯，便觉得一种非同寻常的气息摇曳而出，那是死亡氤氲的气息，与众不同。

然而夫人马氏却对此习以为常，她的房中，何止只是死亡的气息？还有鬼气！小貂蝉置身于这样的房间里，只觉得有股寒气透彻骨髓，她有一种逃遁的渴望。

"小貂蝉，回去早点歇了。"马氏的这句话算是带上了人气，飘到小貂蝉的心里，她只觉得自己的心被一股突如其来的温暖包围。夫人待她恩重如山，有如亲生母亲，不管夫人待别人如何冰冷，唯有她能从夫人那得到一份温暖。

小貂蝉无限哀怜地望了一眼夫人，十分温柔地对她说："夫人，天色已晚了，你也早些睡吧。"

然后，她像云朵一般，从夫人房中飘出，又飘向隔壁狭小的厢房。

月有阴晴圆缺，天边那轮缺月仿佛是被谁咬了一口又被随意扔掉的饼。

小貂蝉痴痴地望着那轮月，倾听月光落地之声。突然，叮叮当当的声音从夫人房中穿透墙壁传来，她的心像被谁提了一下，猛地收缩。

夫人又在撒铜钱了。

小貂蝉通过想象看到了墙那边的夫人穿着一身薄如蝉翼的轻纱，无比优美且无比轻巧地抓起一把黄光闪烁的铜钱，只是轻轻往空中一抛，铜钱们便翻滚着、跳跃着、颠簸着、闪烁着……在半空中呈现出五彩缤纷的"钱花"，然后弥漫开来，洋洋洒洒地坠地。而夫人则如嫦娥仙子一般，飘然落地，美丽的腰身像狸猫一样弓起，在月光里，一边痴情地呼唤着丈夫的名字，一边像盲人一般在地上摸摸索索。铜钱在月光里像眼睛一样盯着她，她将眼睛一个一个拾起。

这是何等的凄凉又是何等的孤独啊！

两行辛酸的泪水从小貂蝉眼里渗出，月色在这两行泪中模糊成了浑浊的一片。

当她睁开眼时，天已大亮。

董卓迎亲，霸占民女

董卓迎亲的队伍，浩浩荡荡开向了皇甫规高大冷清的府中。

当那锣鼓之声从远处传来时，梳洗已毕的马氏对那声音充满了迷惑。

二十年前皇甫规从马丞相府中将她迎娶出来的鼓声，也是这样的喧天，这样的热闹非凡。

往事若隐若现。

马氏无比深情地倾听着外面的锣鼓之声，对走向自己的一切究竟是象征着幸福还是灾难一无所知，她只是轻声问小貂蝉："今天谁家又娶亲了？"

尚不懂人事的皇甫飞将一纸红帖递到了母亲手中，马氏一打开红帖，顿时像挨了晴天里的一声霹雳，被震得六神无主。

她用手摸了摸不满四岁的皇甫飞的小脑袋，强作镇定，慈祥地对他说："快去，告诉看门的韩爷，就说母亲生病了，不能会见客人。"

皇甫飞睁大了眼睛，惊异地看着母亲的脸，半天才说道："母亲，你也骗人？"

马氏凄然一笑，轻轻地拍了一下孩子的脑袋，一脸无奈地说："快去吧，大人自有大人的事。"

皇甫飞似懂非懂地点点头，很乖地向门外跑去。

小貂蝉看见马夫人的脸变得煞白，用胳膊强撑着身子，果真像害了大病一般。

"夫人，你还是进屋休息吧！"小貂蝉说。

马夫人点点头，摇摇晃晃站起来。

"啪、啪、啪……"

爆竹的声音震天动地，一股硝烟向里屋弥漫过来，马夫人被呛得直咳嗽。

"马夫人，刺儿向您请安来了。"

马夫人听见一个熟悉的声音向她飘来，她抬起头，只见一个黝黑肥胖的身体，铁塔一般横在了堂屋中央。

这人正是太师董卓，昔日董卓在皇甫规帐下跑腿时，大家叫他"刺儿"。

马夫人明知来者不善，但董卓已是国家重臣，出于礼节，她只好一欠身，还礼道："太师久别无恙？"

马夫人的声音像一颗美丽的五彩小石子，投入董卓心湖，董卓沉迷在那绚丽多彩的声音之中，如痴如醉。

"皇甫规将军为国捐躯，刺儿早该来看望吊唁。只因公务缠身，终日带兵在外，请夫人宽恕刺儿的不敬之罪。"

马夫人这一下倒弄得没了主张，她甚至抱了一丝幻想，希望董卓此行真的没有其他企图，于是脸上的冰霜消融了一些，微微笑了一下，说："贱夫因公殉职，哪敢劳太师大驾！"

董卓被马氏那微绽的笑容弄得神魂颠倒，他以为是自己左一个

"刺儿"右一个"刺儿"的挑逗之词起了作用，于是放肆起来：
"刺儿这番前来，一是为表达咱家对皇甫规将军深切的哀思，另一个目的，是想请夫人为咱家办一件事。"

"什么事？"马氏警觉起来。小貂蝉站在旁边，心里为马夫人暗暗捏了一把汗。"咱家年近五十，虽有一妻四妾，但没有哪一个合咱家之意，且不说有姿色的没一个，贤惠能持家的更无一人。咱家已到黄昏之年，心中常怀忧虑……不知夫人能不能帮咱家这个忙？"

马氏一听此言，脸色大变："我常年在家，交游不广，恐怕不能为太师当介绍人，请太师见谅。"

董卓一听，干脆把面纱全扯了下来，不再拐弯抹角地说话："夫人此话差矣。咱家念皇甫规将军去世后，无人照料你们母子，特来收拢你，望夫人莫要因一时羞怯推辞。"

马氏闻言又惊又气，果然董卓这厮黄鼠狼给鸡拜年来了。

于是她将脸拉下，冷冰冰地说："我心已如枯井，请太师莫要强人所难。"

董卓一双牛眼色迷迷地打量着马夫人，他张开双臂，就要轻薄马氏。

马氏轻巧地将身子闪开，董卓扑了个空。小貂蝉对眼前出现的一切目瞪口呆、手足无措，她只听马夫人用幽幽的声音说道："太师，请自重。"

董卓并不因此而收敛，他整了整衣衫，对马氏一脸坏笑地说："夫人对皇甫规那老头可不是这样。"

马氏情知难逃劫数，"扑通"一声跪下，泪水夺眶而出。

马氏哀求道："请太师看在旧日与贱夫结交的情分上，放我母子一条生路，我母子将感激不尽……"

马氏挂着泪珠的脸庞在阳光下更加楚楚动人，宛若带雨梨花。

"咱家正是看在了旧日与皇甫老头交游的情分上，来收拢你们母子的……"

董卓无耻的言语使马氏彻底绝望，她索性站起，冷若冰霜地对董卓说："太师若还要相逼，我就触柱而死！"

马氏宁为玉碎、不为瓦全的抗争使董卓勃然大怒，他拔出刀来，大声喝道："好大胆的婆娘，咱家威震四海，你一个小小的贱人，敢不从我，莫非吃了豹子胆……"

董卓一边说着，一边举着大刀逼向马氏。

马氏闭上双眼，将头颅高高扬起，表现出一副宁死不屈的姿态。

小貂蝉也闭上双眼，屏住呼吸，只等"咔嚓"一声，马氏的人头落地声。

气氛骤然紧张。

"不许欺负我母亲！"一团小小的红色火焰不知从何处滚过来，冲向持着宝刀将要行凶的董卓，把董卓粗壮得跟柱子似的大腿紧紧地抱住。

小貂蝉一看是马夫人的儿子皇甫飞，一下惊呆了，半天才喊道："飞儿，过来。"

冷不防从斜刺里杀出了一个小孩，董卓先是愣了一下，小孩已将他的腿紧紧抱住，他十分厌烦地骂道："滚开！"

皇甫飞的突然出现也在马氏的意料之外，她猛然意识到危险将波及整个皇甫家庭，连皇甫飞这样的小孩也无法幸免，不禁悲从中来，喊道："飞儿，飞儿……"

皇甫飞死死地抱住董卓的大腿，像长在了董卓腿上似的，任他怎么踢、怎么甩，皇甫飞就是不松一寸一毫。

"不许欺负我母亲，不许欺负我母亲……"皇甫飞大声喊着，马氏心里七上八下，皇甫飞的勇敢与豪气果然和他父亲一样，只可惜的是自己对不起丈夫，保不住皇甫家族的骨血。她一边想着，伸手要去抱皇甫飞。

董卓的手下对这半路出来的小孩也又气又恼，提着鞭子，上前要去拿他。

小貂蝉心如刀绞，走上前来，正要去掰开皇甫飞。

"唉哟——"一声牛一般的号叫，从众人头顶呼啸而过，是董卓发出来的。天不怕地不怕的皇甫飞不顾死活地在他腿上咬了一口，他想得出被裤子隔着的大腿此时已留下了深深的一道牙齿印。

董卓恼羞成怒，伸出大手，拎着皇甫飞的衣襟，将他从腿上扯下来，又像扔一件不重要的物品一般，朝着墙壁就是一甩。

皇甫飞像玩具一般飞了起来。

马氏和小貂蝉同时目睹了皇甫飞在阳光中飞翔的情景。随着董卓的第二声号叫，皇甫飞胖嘟嘟的躯体在半空中画出一道火红的弧线，向着一根比他小脑袋更坚硬的柱子撞去。当他的小脑袋和柱子接触时，众人同时听到一声仿佛玻璃摔碎在地上的响声，于是皇甫飞停止了飞翔，双手张开，脸朝下，飘然落地。

　　红色的鲜血从柱子上飞快地滑落下来，也从皇甫飞头颅一侧渗出。红红的血泛着太阳的光辉，蚯蚓一般，在地上蠕动着、蔓延着，一只觅食的蚂蚁闻到了血腥的气味，不声不响地爬了过来。

　　马氏疯了似的扑向皇甫飞那具渐渐僵硬了的尸体……

　　多少年后，小貂蝉仍然忘不了发生在皇甫府上那惨烈的一幕。

　　马夫人跪在惨死于董卓之手的皇甫飞身边，手指着董卓骂不绝口："你这个羌中恶狼，还我儿子，还我儿子……"董卓被骂得怒火中烧，暴跳如雷。他像野兽一般揪住马氏的长发，拖到中庭，把她的头按在车辕上，从手下人手中夺过鞭子，对着马氏劈头盖脸地一顿鞭挞。马氏宁死不屈，她的脸像一张纸一般，在董卓的皮鞭下，开始变得支离破碎，她的叫骂声和皮鞭甩下的声音杂糅在一起，此起彼伏。

　　"你这个羌胡杂种，本是我丈夫门下的亲随，牛马走卒，如今混出点人模狗样，竟敢向你的君夫人非礼……你这个羌中恶狼，我恨不能吃你的肉，剥你的皮……你还我儿子，还我儿子……"

　　董卓被骂得兴起，又叫手下牵来五匹烈马，将马氏的头颅、双手、双腿分别缚于五匹马的尾巴上，然后用鞭猛抽那五匹马，那些马儿在阳光下的长嘶划过天空。马夫人在这一瞬间里被五马分尸，头颅、四肢、身体，鲜血淋漓，残缺不全地挂在烈马的尾巴上……

　　小貂蝉悲痛地低下了头，那鲜血淋漓的景象使她掩住了双目，止不住想呕吐。

　　天空四分五裂，飘满血红的树叶。

家破人亡，流落街头

木耳村，被浸泡在明媚的春光之中。绕村而行的月河泛着醉人的绿色，河边的柳树翠绿得像烟又像雾，在春风的吹拂之下，朝着平静的湖面点来点去。

爆竹之声在木耳村的上空震响，木耳村的社祠里香火旺盛，轻烟袅袅。成群的燕子，在檐下飞来飞去；丛丛黄灿灿的报春花，在墙角迎风怒放着；栖息在社祠屋头上的群鸦和在社树上营巢的喜鹊们，又被这一年一度的热闹聚会激起少有的兴奋，在瓦脊上、在树杈间，起劲地叫着，欢蹦乱跳，仿佛在催促着人们早一点结束社祭，好让它们分享供桌上的酒肉米面。如同往年，祭篷仍在高大的社树上耸起。祭桌上四方八村送来的丰盛祭品，在阳光下闪烁着诱人的光芒。

偌大的社院里，早已挤满了早早赶来的木耳村的男女老幼。他们来到这里，祈求土地老爷给他们以庇护，保佑他们人丁兴旺、五谷丰登，保佑他们平安度过艰难的时光。这会儿，他们在主祭的指挥下，正恭恭敬敬地礼神献牲。

透过香火的袅袅迷雾，小貂蝉看见土地神慈祥地朝她微笑，他浑身被人贴得金光闪闪。小貂蝉心想：这些泥塑的人真能保佑我们每一个人吗？我们每一个人的命运，真是被冥冥之中的神掌握着吗？我们难道真的无法自己去创造命运吗？

母亲燃香时嘴里飘出的喃喃祈祷声使小貂蝉面红耳赤："保佑小貂蝉来年找个好婆家，保佑小貂蝉来年找个好婆家，保佑……"她很不好意思地望了一眼父亲，父亲的双眼也紧闭着。他是个木匠，此时嘴里正念叨着鲁班爷保佑他来年财运亨通。

她今生会属于谁呢？

她想着想着，便也从香炉中抽出了几炷香，对着那在冥冥中操纵她命运的神灵祈祷起来。

小貂蝉做梦也想不到，灾难正向她逼近，正向整个木耳村逼近，而她，她的父母，木耳村的全村村民，对此都一无所知。

祭礼总算结束了，人们开始分享祭品，枝头上的乌鸦和喜鹊们更加喧闹，它叫嚷着想分享这神灵的贡品。

小貂蝉望着人们举杯庆贺、大碗喝酒、大块吃肉的场面，心中掠过一丝不祥的预感。这个场面热闹红火，而在小貂蝉眼中，却像解冻的冰河一般崩溃开来，她不自觉地向她的父母靠近。

事实证明了小貂蝉准确的预感，一个令人毛骨悚然的声音从人们头顶呼啸传来："大兵来啦！"

这一声呼喊，使整个平静的画面波动起来，人们慌乱地离席而去。摆满酒肉的圆桌被掀倒了，碗筷乒乒乓乓地摔碎了，大鱼大肉被无数只脚践来踏去，酒和汤汁放纵地四处流溢，酒香、肉香很不相符地与人们慌乱的叫声混杂在一起。

人们潮水一般涌出了社祠。父亲的大手一手拉着小貂蝉，一手拉着她的母亲。人流推搡着他们，仿佛置身在台风之中，东倒西歪。

人群出了祠堂，在黄土路上奔跑起来，黄土路顿时弥漫起满天金黄的灰尘。

马蹄之声从后边由远而近地传来，喊杀声铺天盖地。小貂蝉惊慌失措地朝后张望，只见挥舞着大刀的士兵们骑着高头大马，朝着他们紧随而来。

每个大兵的脸上都浮现出野兽一般的狞笑，寒光闪闪的大刀在他们的手上挥舞着。马蹄沉重地从被追上的人们的头上、胸上、手上、腿上踏过，被马蹄踩过的地方，殷红的鲜血汩汩冒出。有的人被官兵用刀从后背扎了过去，刀尖从前胸露出，刀尖被染红了，还在滴着血；有的人的头颅被官兵劈下，头颅不堪一击，像鸡蛋壳一般碎成了两半，鲜血淋淋；有的天灵盖被削飞了，像一个去了盖的坛子一般重重地倒在地上，灰尘从他们身子下边烟一样漫了起来……

发了疯的大兵们喊声震天，到处是一片嘈杂声，哭喊声。

"奉旨杀贼呀！"

"冲啊！冲啊！"

被冲散的百姓们哭喊声惊天动地，到处是一片呼妻喊子的声音。

骑马的大兵们开始像洪水一般往村子的各个角落渗透，开始了烧杀抢掠。

指挥这场血腥屠杀的将军，此时正纵马高坡之上，他身上银色的盔甲在阳光下闪烁发光；红色的披风被风吹起，鼓胀起来，有如一面旗帜；他一手按剑，一手抚摸着像钢针一样竖起的胡子，饱绽横肉的大脸上，浮现出得意至极的笑容。

这个人疯了！

指挥这场屠杀的人正是董卓，他望着那些像虎狼一般冲杀的士兵，像绵羊一般无助奔逃的村民，狂笑不已。这一个村的村民相当于一个兵团，他命令他的士兵们把他们的人头割下来，带回京都洛阳，呈报皇上，如此便又可以记下一次大功：大破黄巾军一个兵团，官升一级，俸加三千。

他神采飞扬地欣赏着高坡之下的混乱，心中充满着一种英雄的感觉。

小貂蝉被父亲有力的大手紧紧地拉着，东倒西歪，精疲力竭。突然，她的手像一条鱼儿般，从父亲满是汗水的手上滑脱，被人流卷向了另一边。

"爸——爸——，妈——妈——"她大声地喊着，但娇弱的声音很快被人群的喧哗和大兵的冲杀声淹没。

一个令小貂蝉铭记终生的场面映入了她的脑海：一个骑马挥刀的士兵闯入人流之中，他的父亲拉着母亲匆忙闪开。马向他们冲撞而来，士兵在马与父亲擦肩而过时，抡起大刀，砍向他的头颅，父亲的头颅像一个土块儿一般飞了起来，在天空中飞翔着，怒目圆睁。

然后它画出一道血红的弧线，落入人海之中，很快被人海吞没了。

小貂蝉的母亲悲痛欲绝，那个没有了人头的身子依然紧紧地攥着她的手。她无路可逃，大兵又挺起刀，从她的后心扎进去。刀从她的前胸露出，被鲜血染红，血正一滴一滴地滴落下来……

小貂蝉顿时觉得两眼发黑，心如刀绞。喧闹之声离她时近时远，她毫无意识地跟随着人们奔跑，不知自己正在奔向何方，也不知自己将会被人流带向何方。

像禽兽一样的士兵们正闯入村民的家中，开始抢劫。他们在洗劫一空之后，便点起火烧房子。

明媚的阳光在天空中依旧挥洒，太阳一点一点地移向正中，它对阳光下的屠杀和鲜血视而不见。

火从一间一间房子上升腾而起，像从天边掉落的朝霞。在滚滚狼烟之中，火又像液体一般朝各个方向流溢、泼洒、弥漫……

小小的木耳村，顿时出现了几条呼啸的火龙。

一个好端端的村落很快就这样灰飞烟灭了。历史的车轮碾过，有谁会躲得过呢？可在小貂蝉的心目中，这一幕幕又怎能忘得掉。

地上的尸体越来越多，横七竖八。鲜血像被人们泼出的脏水，东一大片西一大片，血腥的气息随风飘荡。

这场屠杀一直持续到黄昏，天边一片血色，阴风惨惨。

小貂蝉躲在一堵破损的墙后边，不时有人骑马从墙边驰过。她全身发抖，像一只受了惊的小鹿，幸好没有人发现她。

她就这样蹲着，蹲得手脚发酸，两眼发黑。天色渐渐暗下来，喊杀声越来越微弱。官兵们在杀够、烧够、抢够之后，开始朝村口汇集而去，大胜而归。

突然，无助的呼救声、挣扎声从墙那一边传过来。

她将身子稍稍站起，把眼睛露出了矮墙。她看见一个军校正将一个十七八岁的女子按倒在地，那个女子奋力反抗着，用手推军校，用脚死命蹬，但仍然被军校压在了身子底下。

军校嘴里发出"嘿嘿"的狞笑声，那个可怜的弱女子在劫难逃，眼看一场悲剧就要上演……

小貂蝉惊恐地看着这一幕，她不知从哪儿来了勇气，抓起矮墙上两块松动的砖头，猫着腰，走出矮墙，无声无息地靠近军校。

军校正在专心致志地解着女子的衣带，对即将到来的死亡一无所知。

小貂蝉将两个砖块块叠加在一起，高举过头顶，向军校的头砸了下去。

砖头落在军校的头上。军校身子一挺，便像一段木头一样从那女子身上滚落下去。

那女子挣扎起来，军校被砸晕了，在她脚下一动不动，她抽出军校腰间的佩剑，那是一把邪恶之剑，她一使劲，将他扎了一个透心凉。

军校在不知不觉中走上了他可悲的黄泉路。

那女子望着脚下死去的军校，还不解气，又往他身上扎了几剑。她的脸色苍白，汗流浃背。小貂蝉这才发现，这位女人长得很好看，文静中透着姣美。忽然，她头一晕，要往后倒，小貂蝉连忙上前将她扶住。

"大姐，躲起来。"小貂蝉将那女子拉到了矮墙后面。

官兵的脚步声开始整齐地从远处传来，小貂蝉和那女子屏住呼吸，月亮已经爬上来，星光挥洒。

借着朦胧的月光，她们看见一面写着"杀贼返朝"四个大字的白旗掠过断墙残垣向这边移过来。接着，排列整齐、骄横不可一世的大队人马出现了。他们的马头上、车辕上，都挂着从死去的村民身上割下的人头。许多人头依然圆睁怒目，死不瞑目。

再往后看是哭哭啼啼的年轻女子们，许多人小貂蝉都认识，她们在官兵刀枪的威逼之下，踏上了他乡之路。

小貂蝉只觉得两眼发潮，泪水滚滚而出。她的爸爸、妈妈被他们杀了，房子也被他们烧了。她将孤独无助地在这个战火连天的人世间过完一辈子，她可怎么办呢？

她想放声大哭，身边的女子却已将她的嘴紧紧地捂住。"别出声。"

小貂蝉的脸静如死水。

董卓大军终于离开了阴风惨惨的木耳村，整个村庄陷入了一片沉寂。远处的水车在月光下闪烁着银光，水桶在井中一下一下地拍打着井水："咕嘟，咕嘟，咕嘟……"

小貂蝉在年轻女子的带领下，来到安定城，投奔年轻女子的亲戚马氏夫人，从此小貂蝉便成了马夫人的使女，马夫人对她恩重如山。她原指望从此能平平安安地过日子，没想到这样的日子很快又被董卓打破。她不得不像来时一样，踏上了这黄土飞扬的黄土路。

董卓，又是董卓！一切都是因为董卓！她与董卓有不共戴天之仇！一切都源于董卓的霸道、好色、暴虐！

第二章

深入宫廷，懵懵懂懂成歌伎

　　杀戮必然导致衰败，只有花园中的花草树木不知人间忧乐，照样姹紫嫣红。貌美大方的貂蝉成了歌伎，对于宫廷的险恶，貂蝉还不太懂，她唯一能做的就是听从王允的安排。

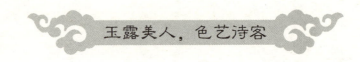

玉露美人，色艺诗客

太阳光依旧大大方方地从天空中向下洒落，黄河岸边的邙山依旧青翠欲滴，柔弱的杨柳丝像一串串金线依旧低垂在碧清的池沼之上，鸟儿的声音依旧娇啼婉转。

通往国都洛阳的路上，十几名随从拥簇着一位官员，他步履沉重，紧蹙双眉，时而长叹，时而摇头，有时还忍不住落下几滴眼泪。他，就是东汉王朝身居高位、主管民事的司徒王允。

王允这次出京的主要任务是巡察地方，了解民情，顺便回太原老家探视。

一个月来的所见所闻，使他震惊万分。大片荒芜的土地，无数逃亡的人群，家乡亲人的哭诉，随处可见的饿殍，一幅幅令人惨不忍睹的画面，犹如一把把利剑扎在他的心上。回想起桓、灵二帝即位以来，宦官、外戚互相倾轧、残杀，交替执政，无论是谁上台，都变本加厉地盘剥百姓，使百姓处于水深火热之中，加之近年来灾害不断，不是旱涝蝗雹，就是牛疫地震，每一次灾害，都使老百姓的生活雪上加霜，苦不堪言。震惊全国的黄巾起义，就是在这种情况下爆发的，真是官逼民反啊！近日，黄巾起义刚被镇压下去，统治者不从农民起义中吸取教训，反而更加残酷地盘剥百姓，外戚、宦官之间的斗争也更加激烈。自己曾多次向皇帝建议，制止朝廷内的党派争斗，减免田租赋税，让老百姓有个休养生息的机会。怎奈汉灵帝整日沉溺于声色犬马，根本听不进去，自己一片忠言不被采纳，身居高位无助于民，想起来，真是愧恨交集。这次回到都城，一定要冒死进谏，为老百姓说一句公道话。

这一天，司徒王允带着一帮人马，重返长乐宫。当他经过御花园，看着那些生机勃勃的花鸟时，不禁感叹人世的沧桑。

越过碧绿的流水上曲曲折折的小桥，便到了牡丹园中。王允看见有无数只鸳鸯结队浮游在绿水之上，它们光洁的羽毛，在阳光下泛着五彩的光芒。看久了那些鸳鸯，便觉得那流水成了一条彩色的河，流光溢彩。

御花园中的牡丹开得煞是好看，花团锦簇，还沾带着露珠，在阳光的照射下，像璀璨的珍珠一样闪闪发光。令王允惊诧万分的是，牡丹花上有彩蝶无数，在花间飞舞，在阳光下抖落五彩纷呈的光芒。王允一走近，那些像彩云一般附在牡丹花上的彩蝶，一下子飞起，在空中弥漫着。王允抬头仰望，万千蝶儿飞向天空，好似万千花朵撒向蓝天。王允心中不甚忧伤，宫外百姓流离失所，饥寒交迫，宫中却是歌舞升平。

王允恍恍惚惚，犹如步入仙境，脚下的泥土松软而潮湿。王允觉得自己好像踩在了被水弄湿的棉花上，他几乎飘飘欲仙。

穿过牡丹园，一股醉人的香味扑鼻而来。那股清香像缕缕清泉，立刻潜入王允的心田。

王允睁眼一看，原来是一株高大的木兰树，满树白而硕大的木兰花像满天的星星，在阳光下闪烁着洁白的光芒。露珠尚未蒸发，在木兰花上晶莹地滚动，有几滴露水从木兰花上滚落，带着透亮的阳光，在空中静静地向下滑落。

突然，一幅动人的画面闯入王允的视野——开满洁白花朵的木兰树下，一位身穿白衣的窈窕少女，屈膝跪在长满各色小花的草地上，两手扶着木兰树树干，头朝天仰起，黑瀑布般的长发，从肩上泻下，一阵风吹来，那长发随风飘起，像花朵一般绽开。阳光透过木兰树树冠照下，她的脸被一束白色的光笼罩着，圣洁而虔诚。她用双手摇晃着木兰树，露珠纷纷从木兰花上滚落，刹那间形成小范围的光雨，少女张开小嘴，将露水、阳光、空气贪婪地吮吸进去，她的整个身体也被耀眼的光雨所笼罩。

整幅画面，如诗如歌。

王允刹那间就被感动了，他举步走向那株木兰树。

可是，就在他眨眼之间，笼罩在白光中的少女消失了，木兰树下空无一人，什么东西也没有了！

王允大吃一惊，回头问他的随从："你们看见木兰树下的少女了吗？"

王允的随从茫然地摇摇头，说道："主公，什么也没有呀！"

"报告主公，我们什么都没有看见。"

王允实在难以置信，他又将眼睛眨了眨，还是什么也没有发现，何况一个大活人。

万般无奈，他命令道："你们几个都去看看。"

王允手下们像子弹一样迅速分散到御花园的各个角落。

过了片刻，手下回来报告说："报告主公，我们没有找到什么漂亮的姑娘，只发现一个浑身是泥、又丑又脏的女孩儿。"

王允心想，莫非就是她？

王允信步走向木兰树。

忽然，他听见"哗"的一声，满树的木兰花都活起来了，它们长出了白色的翅膀，洁白的脖颈，王允惊讶地看到，满树的木兰花，在一刹那间化作了无数的白天鹅，它们又在一刹那间展开双翅，飞向了湛蓝色的天空。

"你们快看啊，哪里来的那么多天鹅？"有人在叫，众人一看，王允指着天上在大声说话。

王允手下抬头仰望，万里无云的蓝天空空如也，连一只麻雀都看不见。

"你们怎么会不感到奇怪呢？"王允还沉浸在激动之中，问他的手下随从。

他的手下答道："报告主公，我们什么都没看见。"

"主公，不就是一棵木兰树，没有其他的东西啊！"

王允大为诧异："一路的鸳鸯、蝴蝶你们也没看见吗？"

王允的随从还是茫然无知地摇头："报告主公，你说的我们都没看见。"

王允拍拍脑袋，心想：这真是怪事！

他在手下的带领下，找到了那个满身是泥的脏女孩儿。

这一次，他又看到一个和他手下描述的完全不同的人。

这哪是什么脏女孩，她穿着一身一尘不染的白衣，冰清玉洁，正是那个他看见的饮木兰坠露的女孩子。她望着他，目光纯净而略带恐惧，像落入猎人手中无力逃脱的天鹅。

该相信他的手下人呢，还是该相信自己的眼睛？

王允俯身缓缓地问道："你是谁？为何孤身在此？"

那女子站起身来，很懂礼节地略略施礼，说道："我是貂蝉，忻州人氏。因遭宫廷之乱，避难在此，饥渴难忍，只好以露水维生。"

她的声音宛若瑶池之音，悦耳清脆，王允知道遇上了奇异之人，怜悯之心大动，便道："我带你到家中，我供你衣食住行，你做我家使女，可以吗？"

貂蝉婉转如莺啼的声音又回荡起来："多谢大人救命之恩。"

回府以后，王允先让仆妇给貂蝉洗澡更衣，自己去后堂将事情的来龙去脉告于夫人。在仆人的精心照顾和王允夫妇的百般抚慰下，貂蝉从悲伤、恐惧中解脱出来，身体也逐渐恢复，脸上开始泛红，嘴唇也有了血色，尤其是那一双黑玉般的眼睛，清澈明亮，聪慧有神，像会说话似的。夫人一见，当即收作义女，于是貂蝉重新拜了爹娘，正式成为王允家的成员。

貂蝉进入王府，受到王允夫妇的百般疼爱，境遇一天比一天好；而国家的形势却每况愈下，一天不如一天了。

何太后在袁绍、曹操进攻长乐宫时被救下，幸免于难，少帝与陈留王逃出宫外，最后遇到董卓，又一场激烈斗争迫在眉睫。

董卓，本是陕西临洮人，从小游历羌中，结交豪帅，以六郡良家子的身份成为羽林郎。桓帝末年，为并州刺史、河乐太守。灵帝中平元年，因镇压黄巾起义有功，封为郿乡侯。中平六年，朝廷下令，召董卓入京任少府之职，董卓寻找托词，不肯入朝，在地方拥兵自重，成为朝廷的心腹之患。何进下令征各路兵马入京诛杀十常侍时，董卓也在被召之列。董卓让女婿牛辅留守陕西，自己带着大军朝京都进发。走到洛阳附近的渑池县，董卓下令停止前进，驻兵渑池，以观动静。时间不长，就见洛阳城中火光冲天、杀声震地，于是号令军队，立即出发，直奔洛阳。走了没多远，就见前面又来了一队人马，约有几百人，拥簇着两个小孩儿匆匆行路，上前一问，才知道是司徒王允、太尉杨彪等人刚找着逃在荒郊野外的小皇帝刘辨和陈留王刘协。董卓一听，马上要找皇帝，只听他高喊："天子何在？"这么一喊，把天子刘辨给吓得抖成一团，一句话都说不出来了。陈留王刘协比天子刘辨的胆子大多了，他急忙往前一带马，用鞭子指了指来人，喝问："来者何人？"

"我乃西凉刺史董卓是也！"

"我来问你，你是前来保驾，还是前来劫驾呢？"

"啊，这个……董卓前来保驾。"

"既是保驾，圣上天子在此，你还不下马，更待何时？"

"噢！"董卓急忙翻身下了马，跪伏道旁，"臣董卓接驾来迟。"说着话，他偷看了下陈留王，心里非常敬重。与此同时，他又瞟了一眼天子刘辨，心里顿生厌恶之感。见礼已毕，董卓和司徒王允等人保着圣驾回到了京城。

董卓到京以后，首先把何进手下的人全收买了过去。他的二十万人马就驻扎在京城附近，兵不卸甲，马不离鞍，军士在大街小巷中横冲直撞。董卓呢，已经有了废立之心。他打算把当今天子刘辨给废了，另立新君。他跟手下的谋士李肃一商量，李肃拍手赞成说："主公，您的打算甚妙，只是此事宜早不宜迟，迟则生变啊！"

"我当如何动作才好呢？"

"您可以饮宴为名，把文武百官请到府中，待到三杯过后，就把事情这么一说，大事可成。"

"要有不赞同的该当如何呢？"

"顺者生，逆者死啊！"

"好！言之有理。"

第二天，董卓就把请帖撒出去了，遍请公卿，于温明园饮宴。好多大臣本想不来，但迫于董卓的威势，不敢不到。当来到温明园的时候，有些细心人一看，厅堂里边高摆酒宴，东西跨院埋藏着好多甲士，弓上弦，刀出鞘，杀气腾腾。文武百官依次落座，酒过三巡，菜过五味，董卓站了起来。"啊，列位大人请了！"

大家一抱拳，说："请了！"

"今日咱家请列公到此有要事。"

"我们愿闻刺史高论。"

董卓点了点头，说："咱家见当今天子软弱无能，年幼无知，咱家想废帝，另立新君。"

这一句话把文武大臣都给镇住了！你瞅瞅我，我看看你，又瞅了瞅董卓，谁也没敢言语。不知是谁大着胆子问了一句："啊，不知董公欲立何人？"

"立陈留王为君，列位大人看如何？"

这句话刚说完，西边有一位大人，"啪"的一声拍案而起，喝道：“岂有此理，董卓身无寸功，狂谈废立，难道尔有篡位之心不成？”

“啊！”董卓不由自主地伸手抓住宝剑的剑柄，他一看，原来是荆州刺史丁原，不禁勃然大怒，骂道：“丁原老儿，你想试试咱家的宝剑利与不利吗？”

他的话刚说完，“咔嚓”一下，丁原就把桌子掀了！气得董卓大叫一声，正要动手，猛地发现丁原身后站定一人。见此人，身高七尺开外，细腰扎背膀，双肩抱拢，面似敷粉，宝剑眉合人天插额入鬓，一双俊目皂白分明，鼻如玉柱，口似丹朱，大耳朝杯；头戴一顶亮银冠，二龙斗宝，顶门嵌珍珠，光华四射，雉鸡尾，脑后飘洒；身穿粉绫色百花战袍，插金边，走金线，团花朵朵，腰扎宝蓝色丝蛮大带，镶珠，嵌异宝，粉绫色兜裆滚裤，足下蹬一双粉绫色飞云战靴，肋下佩剑，站在那儿是威风凛凛、气宇轩昂，正虎视眈眈地看着董卓。

董卓发现丁原身后站立着一员威风凛凛的大将，正是丁原的义子螟蛉，他姓吕名布字奉先。吕布一进府来，就发现了埋伏在厅堂左右的铁甲军，早就做好了应变的准备。现在见董卓要下毒手，不禁两目生怒，手按剑柄，迎接即将到来的恶杀。董卓身边坐的那个军师李儒一看不好，赶快打了个圆场：“啊，且慢，且慢！”他几步走到丁原的跟前，赔笑说：“丁刺史，您何必这样动怒呢？”回过头来，他又冲董卓使了个眼色说：“主公，您也息怒。今日是欢宴文武，我们不应该谈国政。呃，来呀，赶快把桌案扶起，重摆酒菜，请丁刺史入座再饮三杯。”丁原“哼”了一声，袍袖一掸，拂袖而去，领着他干儿子吕布走了。众文武乘机告辞，纷纷离府而去。

董卓憋了一肚子气，回到后堂刚坐下，就听见院子里"噔噔噔"一阵急促的脚步声，帘拢一挑，从外边进来一个亲兵，喊道："主公，大事不好！"

"何事惊慌？"

"荆州刺史丁原在城前骂战，并且叫您亲自出去见他。"

"这丁原有何德能，敢叫老夫去会他？来！擂鼓升厅！"

"咚咚咚……"随着一阵鼓声，董卓率领精兵一万，带着郭汜、樊稠、张济、李傕几员战将杀出城外。两阵对垒，董卓手按鞍鞒，举目往对面这么一看：荆州人马队列整齐，刀枪耀眼，只见大刺史旗下有两匹战马，左是吕布，右是丁原。吕布手持方天画戟，威风凛凛，杀气逼人。

丁原远远看见董卓，就破口大骂："逆贼董卓，尔身无寸功，来到京师，敢言'废立'二字，尔真胆大包天，看来必有篡逆之心！如今还不赶快滚鞍下马，在老夫鞍前请罪，更待何时？"

丁原这话刚说完，从董卓身后拍马过来一员战将，正是他的部将张济。张济既不通名也不答话，举刀直取丁原。吕布也不搭话，催马迎了过来。张济举刀就劈，吕布不慌不忙地用方天画戟出了一招"海底捞月"，"当啷"一声，就把张济的大刀给磕飞了。张济觉得虎口发麻，两臂酸痛，他在鞍鞒上一摇一晃，差点栽下去，一个回合就败下去了。张济刚败走，樊稠过来了，他拧枪就刺。吕布用手中的方天画戟使了一个乌龙搅柱，就这一下子，樊稠感觉不好，这戟奔他后背刺来了，他赶快把枪往后这么一背，来了个苏秦背剑，想搪出去，哪搪得了，"咔嚓"一声，枪折两断，护心宝镜碎了！樊稠就觉得心里一烫，嗓子眼儿一咸，吐血了。见此情景，丁原把令旗一摆，"哗——"他的人马就杀上来了。董卓大败三十多里，带的一万精兵折去一半，丁原得胜而回。董卓好不容易才收拾好残兵败将，回营进到中军大帐，急忙把他的文武将官找来商量。

这下，董卓真是有点急了。他好不容易找到这么一个良机，何进让他来协助除灭朝中宦官。他来灭什么宦官，他是乘此机会进京，以便浑水摸鱼，夺取朝政，好成霸业，没想到遇上丁原这么一道屏障。他当如何是好呢？他那焦急的心情，早被他手下的谋士李肃给看出来了，李肃微微一笑，说道："主公啊，看来今天能败我家主公者，非丁原也，乃是吕布。"

"嗯。"董卓点点头，"你不愧是咱家的心腹，看得真透。"

"主公，您有没有收吕布之意呀？"

"啊？"董卓看着李肃，不解地问，"怎么？能把吕布收到咱家这儿来？如果咱家能收得这员猛将，咱家的天下定矣！"

李肃一摆手，说："请各位将军回帐安歇，我要与主公单独议事。"

那些将官全都退出去了。

董卓问他："先生，方才之言可是与咱家相戏？"

"哈哈……主公，我怎么敢？您有所不知，吕布乃是学生之同乡，我深知其人，您要收他易如反掌！"

"啊呀，先生，望你以高计教我！"

李肃说："吕布其人好利而忘义，您只要给他点东西，大事可成！"

"你看咱家给他点什么呢？你看，咱家给他黄金千两，珍珠百颗，御带一条，如何？"

李肃点点头说："这礼物要说可是不少了，不过主公您还得再割点爱。"

"好好好，只要先生提出，尽咱家之所有，无一不许。"看来董卓自从在厅堂宴会上一见吕布，他就喜欢上这员虎将了，喜欢得不得了。他恨不得一下子就把吕布弄到身边，所以他什么都舍得。

李肃说："不用别的，主公只要把您胯下的赤兔胭脂宝马赠予吕布，我便能把他说进咱的大营。"

"啊，这个——"一提这匹赤兔马，董卓有点儿舍不得了。此马价值连城，纵有千金也没有地方可买。如果说要给这宝马插上双翅，它便可上天；要把它放到海里，它便可成龙啊！

"这马是老夫的心头肉，我说先生，咱们给点别的不行吗？"

"主公啊，这您想得不对啊！您把马赠给吕布，吕布过来保您，不单您的马回来了，您还得到一员大将啊！难道说此马还重于天下不成吗？"

"啊，这……哈哈！先生之言甚善。来呀，赶快给先生准备礼物，给赤兔马备好金鞍玉镫，你们随先生前往吕布的大营。"

当即，李肃带着几名军校就奔吕布的大营来了。

刚到营门这儿，就被人家的巡营小校给抓住了。

"你是干什么的？"

"我乃吕布吕奉先之故友李肃是也，请到里面通禀！"

小校进来一报。"嗯？"吕布一愣，他想了一想：李肃，是有这么个同乡，可是好多年没见了，今天他怎么来了呢？

"有请。"吕布只轻轻说了这么两个字，连大帐都没出，对这个同乡一点都不热情。

进得帐来，李肃双拳一抱："哈哈，贤弟呀，没想到能在此地得会贤弟。愚兄李肃不才，这厢有礼了！"

吕布站起来，答道："啊，我当何人，原来是李仁兄，别来无恙？请坐叙话。"

"谢座，谢座。"

分宾主落座了。李肃看出来了，吕布很冷淡，那没关系，他心想：一会儿，我就叫你高高兴兴。

吕布上下打量他，试探问："李仁兄，这是从何处而来？"

"啊，贤弟呀，我是从家乡来。贤弟，我久闻你的英名，武艺超群，称得起是功高盖世呀！贤弟一定是飞黄腾达了，胜兄百倍！"

"李仁兄，你在做些什么呀？"

"咳，愚兄乃是无能之人，做个小小的商贾。"他说他是做买卖的。

其实李肃是在说假话，因为两边站着不少的人，直接说明自己的来意不方便。

"贤弟，愚兄从此经过，听说贤弟在此，特来拜望。我早有这么一个心愿，想赠送给贤弟你一匹良驹。今日我把这匹马牵来了，望贤弟笑纳。来呀，把马牵到帐口。"

随着李肃这声吩咐，他的军校把马牵过来了。"贤弟，请您看看这匹坐骑是否中意？"

说着，他陪着吕布从大帐里出来了。来到帐外，吕布一看，"啊呀！"吕布惊住了，这匹马怎么这么漂亮啊！这马由头至尾足有一丈二，蹄至背足有八尺，马脑门上有一股鬃毛，通体泛红，此之谓头上有角。再看那四个马蹄子，马蹄中间都有这么一道印儿，那叫蹄下有脚。再看马肚子，腹侧四处有旋状棕毛，那叫肚下生鳞。这马像一块红缎子一样，一根杂毛都没有。再配上那玉镫金鞍，真是"人在衣裳，马在鞍"。这马突然间嘶溜溜一声长嘶，真有龙吟虎啸之声。吕布不由得往后倒退了两步，他双挑大拇指，只道："好马呀！宝马！"

李肃在旁边用眼角瞅着他呢："贤弟，这叫'胭粉赠美女，烈马送英雄'！请贤弟跨此龙驹走上两趟。"

"好好好！"吕布抢步上前，揪丝缰，撂门鬃脚尖儿一认镫，飞身上了马。这马一下立起来了！幸亏是吕布，要是别人这一下子就给掀下去了。吕奉先大呼一声"吁"，随后伸手在这马的三叉股上拍了一掌。这马前蹄着地，撒开四蹄飞跑起来。吕布骑在这马上，就像坐在炕头上那么稳当。

可是耳边已经生起风来了。这马跑得太快了！跑一圈回来，吕布一下马，赶快上前给李肃深施一礼："仁兄，小弟多多谢过了！"

"哎呀，贤弟，区区小事，何足挂齿！"

吕布马上吩咐："快，大摆宴席，小弟要陪我家兄长痛饮三杯！"

说着话，吕布和李肃手挽着手走进了大帐。

酒至半酣，李肃突然问了一句："贤弟，令尊大人近来身体可好？"

"哎！"吕布微微一皱眉，"李仁兄，你是不是吃醉了？"

"呃，怎么见得？"

"小弟先父已去世多年，仁兄你难道不知道吗？"

"啊！我不是在问你的家父，我问的是荆州刺史丁原将军。"

"啊，这个……"要不是酒盖着，吕布那脸比红布还红呐！吕布听出来了，李肃这是在奚落他呢！他长叹了一声："咳，英雄无用武之地，小弟在丁原帐下，不过是暂且屈身而已。"

"噢，如此说来那可是屈尊了贤弟。贤弟胯下马踏遍乾坤，手中方天画戟抵挡天下呀，怎么会……贤弟，愚兄有句话可不知当讲不当讲？"

"你我弟兄乃同乡知友，有什么话不可当面讲呢？"

"贤弟说得对。我听古人云：'良禽择木而栖，贤臣择主而任。'贤弟呀，像你这样的人才，何必在荆州刺史的手下呢？"

"李仁兄，那么据你看来，当代谁是英雄好汉？"

"贤弟，你要问谁是英雄啊，有一位顶天立地的英雄好汉，此人不单是当代英雄，我看他有秦嬴之志、桓公之才呀！"

"李仁兄，当代有这样的英雄？不知道他官拜何职？身居何处？"

"哈哈，贤弟，此人远在千里，近在眼前，就是那西凉刺史董卓！"

"噢！那么仁兄你……"

"贤弟呀，实不相瞒，方才我跟贤弟说了一通谎话。因为耳目众多，直说不便。我并不是做生意的，就凭愚兄这点小小的本领，在董卓主公驾前，还是一个虎贲中郎将呢，每年两千石俸禄，三品官。贤弟，你要是……"李肃说到这儿看了看吕布身后的两个军校。

吕布朝他摆了摆手说："没关系，这是我的心腹之人，仁兄你只管讲。"

"贤弟，你要到了董公的驾前，那还了得吗？非胜过愚兄百倍不可！"

说着，李肃一回身，说道："来呀，把礼物呈上！"有人出去，不一会儿的工夫，把那金子、珍珠，连那御带都摆到桌案上了。"贤弟，这就是我家主公董卓送与贤弟你的一份薄礼！不瞒贤弟你说，就是那匹宝马，也是我家主公董卓所赠！"

吕布愣了，忙说："仁兄啊，小弟没有涓埃之功，董卓将军怎么送我这么重的礼物？"

"哈哈，不瞒你说，我家主公董卓是礼贤下士，惊闻贤弟英名久矣！"

吕布不言语了，他想了想说："李仁兄，我要是弃丁原而投董卓呢？"

"贤弟，愚兄不才，愿做一引荐之人。贤弟如果到了我家主公身边，一可慰我家主公董卓平生之所愿；二能使你我兄弟朝夕相处；三呢，贤弟，你可一步登天啊！"

"好！请仁兄暂回大营，容小弟图之。"

"贤弟，万望尽快从事。"

"今夜三更如何？"

"空口无凭。"

"你我击掌为证！"

"啪！"李肃站起来，喜不自胜地说："贤弟，三更天愚兄前来接应，告辞了！"

"恕小弟不送！"

李肃赶忙回到董卓大营，董卓正在等着他。

"李先生，此行如何？"

"恭喜主公，贺喜主公啊！我已经见过吕布了，送上宝马，献上礼品，就把他给说动了，吕布说三更来降！"

董卓一听，喜出望外，说："咱家谢过先生。"

"主公，您跟我何必客套呀！三更一到，只等吕布提丁原的首级前来见您！"

"好好好，李先生，随咱家迎接吕布。"

董卓亲自率领人马，埋伏在吕布大营的四周，只等佳音。不一会儿，三更已到，可是吕布的大营仍然鸦雀无声！

董卓等人心头不由得有点急了。要说着急，莫过于李肃了。他心里是怦怦直跳！心想：这是怎么回事？我这老乡是不是反悔了？那可倒好，东西也留下了，马也留下了，最后没成，那董卓还不把我宰了啊！

他刚想到这儿，就听吕布的大营里一声炮响，跟着是辕门大开，灯笼火把把大营照得如同白昼一般。吕布从里边出来了，他右手提着宝剑，左手拎着一颗血淋淋的人头，原来他真把丁原给杀了。

李肃一见喜不自胜，赶忙走上前来拱手见礼，说：“恭喜贤弟，为我家主公立下奇功！快快跟我来见过主公大人！”

吕布就由李肃陪同来到董卓面前，董卓一把携住吕布的手，双双走进大帐。大帐里面早已高摆酒席，董卓亲自给吕布把盏，而且把吕布让到正当中的座位上落了座。吕布十分感动，他几乎厚颜无耻地附耳对李肃说：“我有心拜董卓为义父，不知仁兄意下如何？”

李肃一听，拍手说：“这是件大好事呀！”

他立刻站起来跟董卓一说，董卓大喜说：“呀，这真是喜从天降！董卓今日幸得吕布将军，已是久旱逢时雨啊！现在吕布将军又肯拜在我的膝下，那我的造化就太大了……”

董卓的话还没说完，吕布已经跪下，当即拜董卓为义父。

就这样，吕布刚杀了一个义父丁原，又在这儿拜了一个，董卓当即赠给吕布一件金甲锦袍。

董卓为什么这么高兴？一个是收吕布这么一个干儿子，再一个呢，还收了丁原二十万人马，自己的势力更大了。

从此，董卓更加横行无忌了。他自封为“相国”，领大将军衔。封他兄弟董越为左将军、鄠侯，封吕布为骑都尉、五关中郎将、都亭侯。从此董卓是剑履上殿，旁若无人。

这剑履上殿是怎么回事？古代有殊功的大臣，达到了一定的爵位，皇上就允许他带着宝剑上朝。不过，面见皇上的时候，仍然得把宝剑摘下来，把鞋脱了，放在金殿外边，才能进去见皇帝。见驾完出来，再把宝剑挎上，把鞋穿上。董卓可不然，他就挎着宝剑穿着鞋，上金殿，见皇上。这且不说，他连三宫六院也是随便出入。百官们看在眼里，恨在心头，但是没有办法，因为董卓不论到那里，都带着他那干儿子吕布。董卓往那儿一坐，吕布就在那儿持戟侍立，所以众人只能在背后长吁短叹。

不过，文武百官当中还真有一位厉害的，这人就是袁绍。一次酒席宴上，话不投机，袁绍就跟董卓打起来了。两人刀剑相向，互不相让，幸亏文武大臣极力解劝，这才没有酿成大乱。

袁绍本人官拜司都尉，祖上四代官居三公。三公之职，就是太尉、司徒、司空，当朝一品，人称袁氏是"四世三公"。他还有个异母兄弟，叫袁术，也是一方诸侯。袁家的门第高，势力大，全国几乎百分之八十的地方官吏都是他们家的门生，所以谁也不敢惹这哥儿俩。董卓进京，是袁绍给何进出的主意，把董卓请进京师，是为了消灭那些宦官。现在何进死了，宦官们完了，可董卓比宦官还厉害、还坏，袁绍怎么不窝火啊！他一气之下悬节东门，离开京师，回济州去了。

这悬节是怎么回事？节是代表官职大小的一种证物，往城门上一挂，表示辞官不做了。

后来有人给董卓出了个主意，说袁绍这人不好惹，您真把他得罪苦了，他肯定反您，不如安抚他为好。董卓一听有理，就封袁绍为渤海太守，总算暂时把这事压下去了。

可是董卓心里老不安稳，他觉得这国戚的势力还挺大。董卓想来想去，决心非除掉少帝和何太后不可。他把想好的主意跟谋士李肃、李儒说了，李肃、李儒举双手赞成。

李肃献计说："如果丞相要这么做，宜早不宜晚，尽快动手，勿迟疑。"

董卓一听，点头称是："言之有理，明日动手！"

第二天一上早朝，董卓带剑出班，他几步走到龙书案前，手按剑柄，目露凶光。众文武一见这个情形，都吓坏了。

董卓对文武大臣说："列位大人请了。"

大家赶忙向他拱手，说道："啊，丞相……"

"丞相……"

"当今天子暗弱无能，失德于天下，上不能安社稷奉宗庙，下不能理朝政安黎民，不堪此位。我今日要废帝为弘农王，立陈留王刘协为君。如有不从者，推出午门斩首！"

他这话音刚落，吕布就把手中方天画戟一抖，准备抓人。顿时，金銮宝殿上的空气几乎都凝结了，众文武官员连个出大气儿的都没了。

董卓一摆手，下令："动手！"

"哗啦"一下，殿角下闯上来十几个武士，就把少帝刘辨从宝座上给抻下去了，让他面北长跪称臣。然后，把他母亲何太后和正宫娘娘唐妃的凤冠打掉，让她们跪在少帝的身后，接着，就把陈留王刘协给扶上宝座了。

刘协当时只有九岁，他就是汉朝最后的皇帝——汉献帝，当下立年号为初平元年。

董卓让文武百官跪倒朝贺。就在这时，少帝、何太后和唐妃大哭起来，文武百官也纷纷落泪，金銮殿上一片混乱。

忽然，文官的班列中有人大叫一声："反了！逆贼董卓，你敢上欺天子，下压群臣，无端废帝，罪不容诛啊！老夫以颈血溅尔！"

随着说话的声音，只见一位大人一抖手，"啪"，把牙筒朝董卓面门打了过来！这牙筒是什么？就是大臣们手里拿的那块象牙板，也叫牙笏。那是大臣向天子奏本的时候，有些事怕忘了都记在那上边。那板也挺沉，要是砸到董卓的脑袋上，也得开了瓢儿。

董卓一低头，"啪"，牙板摔得粉碎，把老贼董卓吓得一哆嗦。他注目一看，原来是尚书丁管，就喝道："老匹夫，来呀，将他与我推出去斩了！"丁尚书临死还是骂不绝口，面不改色。

丁管尚书的惨死，把众文武都镇住了，大家面面相觑，忍气吞声，谁也没敢言语。

少帝刘辩就这样被董卓给废了，他前后只做了四个月的皇上。董卓吩咐："把少帝和何太后以及唐姬一齐押进永安宫。"就给囚禁起来了。开始的时候，董卓还给少帝等人一点儿饱饭吃，给几件衣服穿。慢慢地，饭也不管饱了，衣服也不给了。天一凉，冻得少帝直打哆嗦。

这以后，老贼董卓是更加肆无忌惮。他不但带剑进宫，而且夜宿龙床，奸淫宫女，无所不为，无恶不作。

朝中那些忧国忧民的文武大臣寝食不宁，坐卧不安，忧心如焚。这当中有一人，就是王允，他官拜司徒。要说司徒的官职不算小，仅仅比丞相稍小点儿。可是王司徒两手空空，无权无人。他恨董卓专权误国，真是恨得咬牙切齿，但终究束手无策。

这一天，王允司徒接到一封书信。他打开一看，更发愁了。这信是袁绍给他寄来的，袁绍在信中要王司徒想方设法把国贼董卓给杀了，并自告奋勇做接应。"众文武都把希望寄托于我王允身上，我总不能坐视不管。"经过一番冥思苦想，王司徒想出了一个办法，他假作办寿，把他那些贴心的文武大臣请到府中来了。

酒宴摆好，王司徒把酒杯往起一端，还没喝酒，眼泪就下来了，在座的文武忙问："大人今日办寿，是个大喜日子，因何落泪？"

"唉！"司徒王允长叹一声，"不瞒列位大人，今天并不是我的生日。我把列位大人请到家中来，是为了汉室的安危！国贼董卓，上欺天子，下压群臣，汉室行将毁于一旦！我们身为汉室股肱重臣，难道就眼睁睁地看着汉朝江山被国贼葬送吗？今天我把列位大人请至此处是共商除贼之策啊，你们得给我想个办法才是！"

众文武一听这话呀，都哭了，整个席间是悲悲切切，一筹莫展。大伙儿正哭得起劲，独有一人鼓掌大笑："哈哈！列位大人，你们这么哭有什么用呀？你们难道能把国贼董卓哭死不成？"

大伙儿一听，觉得这话说得有理。举目观看，鼓掌大笑者正是曹操（字孟德）。说来这曹操也不是等闲之辈，他乃是沛国谯郡人氏。他原来不姓曹，复姓夏侯，后来过房给姓曹的，就改姓曹了。

这曹操也是镇压黄巾起义起家的，现在官拜骁骑校尉。不过，他的资历和官职在众人眼前，也只能算小字辈了。

他这一乐，把王允给惹火了！"啪！"王司徒把酒杯往桌子上一摔，说道："孟德，你这算何意呀？不思报国，反倒贻笑我等，成何体统！"

曹操一摆手，说："司徒大人，您不必动怒。我不是笑别的，我是笑列位大人怎么就想不出一条除国贼之策呢？"

王允一听，说道："孟德啊，你笑我们没有办法，难道你有灭贼之计吗？"

曹操冷笑一声，回答道："曹操虽不才，我愿斩董卓之首级高悬国门，以谢天下！"

王司徒一听这话，赶忙绕过桌案，给曹操深施一礼，问道："不知孟德有何高见？"

"司徒大人，你随我来！"说着，曹操拉着王司徒就进了内室，曹操告诉王司徒，"近日来，我孟德屈身事董，就是想乘机而图之。我听说大人有一口镇宅七星宝刀，这口刀削铁如泥，乃世之稀宝。大人，您能不能把这刀借给我孟德一用？我在相府行事方便，找个机会就把逆贼董卓给杀了！能杀逆贼，我虽死无恨！"

王司徒连连给曹操施礼，说："孟德功成，乃天下之幸啊！"

说着，王司徒亲自给曹操倒了一杯酒，曹操接过酒来，往地上一泼，就算表示决心了！王司徒取出镇宅的七星宝刀，递给曹操。曹操接刀藏在身边，然后，王司徒和曹操又回到酒席宴前，陪着文武们喝酒，直到午夜方散。

第二天一大早，曹操暗藏着宝刀就奔相府来了。原来曹操是京师里的一个典军校尉，董卓专权之后，他挺喜欢曹操，就把他要到相府来，做了骁骑校尉。

他一到府门这儿，门前的军校就说："曹校尉，相国正找您！"

曹操心想：好啊，我来得正是时候。"相国安在？"

"就在锦阁之中。"

"好，我马上去见。"曹操说着就奔锦阁来了。

来到门口，曹操又犯开了心思，是老贼一人在屋里，还是吕布陪着他？

进门一看，果然吕布在那儿坐着呢，曹操连忙上前施礼，说："孟德参见相国！"

董卓正在看奏章，随口问道："罢了，孟德，今日因何来迟？"

说着话，董卓上下扫了曹操两眼。曹操心里直跳！心想：怎么，我来晚了？

昨天晚上他在王司徒家里喝酒来着，只得撒个谎说："啊，启禀恩相，孟德的马病了！"

"噢！"董卓一听点了点头，"那为什么不早说呢？孟德，西凉刚给咱家送来百骑骏马，吕布，你快去给曹将军挑选一匹。"

"是，孩儿遵命。"吕布说着，一挺身出去了。

曹操一看，这可真是个好机会呀！想到这儿他不由自主地把那右手伸到怀里去了。老贼董卓坐在座上看奏章看累了，就歪身上床，脸冲里墙侧卧歇息。曹操一看，太好啦，真是天助我也！他那手已经摸着刀把儿了，但曹操这时候犯了合计。怎么回事呢？他知道老贼董卓臂力过人呐！这一刀刺下去，要刺不到致命处，他死不了，曹操可完了！刚想到这儿，董卓正好叫他："孟德。"

"啊，恩相。"吓得曹操赶快把抓着刀把儿的手松开了。

"一旁坐下！"

"啊，谢座。"曹操往后退了一步。噢，老贼跟我客气呢，让我坐在这儿陪着说话，我哪有工夫陪你呀？我下手吧！曹操想到这儿，把手二次伸到怀中，抓住宝刀刀把，轻轻一揿绷簧，"刺啦"一下，寒光一闪，宝刀出鞘！

董卓突然睁开眼睛，大喝一声："孟德想要干什么？"

曹操吓了一跳，灵机一动，马上跪下高举宝刀说："孟德刚刚得到一把好刀，特来呈送恩相。"

董卓接过宝刀，爱不释手，连连称赞道："好刀！好刀！"

此时正值吕布进来禀告给曹操的马挑好了，曹操就借机退了出来。

吕布问："曹孟德脸色恍惚，莫非有什么事情？"

董卓意识到曹操可能是前来行刺，便派吕布前去捉拿，不过曹操早已逃之夭夭。

董卓残暴，怨声载道

初平六年的正月初一，董卓率领群臣朝拜了献帝，才要驱车回丞相府，却见司徒并行尚书令事的王允惶惶地跟过来，呈上一份粘贴了羽毛的"露板"，他一看，不由大吃一惊。

原来这是一份檄文，文曰：

绍等谨以大义布告天下：董卓欺天侮地，秽乱禁宫，残害生灵，暴戾残毒。今奉天子密诏，大集义兵，誓欲扫清华夏，剿戮群凶。望兴义师扶持王室，拯救黎民。檄文到日，可速奉行！

再看，签名者有渤海太守兼司隶校尉袁绍、骁骑校尉曹操、陈留太守张邈、冀州刺史韩馥、豫州刺史孔伯、兖州刺史刘岱、东郡太守桥瑁、河内太守王匡、济北相鲍信等。

王允禀报说："先是曹操在陈留郡己吾县起兵，遂有袁绍等响应，盟誓于酸枣，公开挑出了讨伐恩相您的旗号。此外，北方幽州牧公孙瓒，南方的南阳太守袁术、长沙太守孙坚等，也都遥相呼应，再者'黄巾贼'近又沉渣泛起，趁火打劫；由'白波谷'转寇太原再破河东，侵扰'三辅'，觊觎京师。恩相您看，如何是好？"

董卓"哇呀"一声怪叫，将那份檄文狠狠摔到地上。从这一刻起，他的精神就不太正常了。

"忘恩负义、狼心狗肺的贼子。"他愤怒地顿足大骂。

天地良心做证：他董卓入主朝政以来，确乎怀了把国事做好的心愿，秉公处事，不徇私情，大量平反冤狱，不拘一格擢用人才。他的亲戚子弟，虽有功勋，皆未安排要职；而与他非亲非故的"清流"们，多少年郁郁而不得志的"幽滞之士"们，甚至遭"党锢"的罪犯们，比如蔡邕、周珊、伍琼、郑公业、何颙、荀爽、陈纪、韩融、韩馥、刘岱、孔伷、张咨……反倒一个个地经他的提携，或为列卿，或出任刺史、郡守。然而，这帮人中，有几个能领他的情、感他的恩呢？而韩馥、孔伷、刘岱等，刚刚到任便向他宣战，这比"过河拆桥"还要过分。是可忍，孰不可忍？还有曹操——他对他那样的信任，兄弟般对待，而他却竟然要暗杀他！天呀！董卓过去可真是瞎了眼啦！

于是，恰如史书所说，董卓从此不再"忍性矫情"——既然是狼，又何须再披一张人皮呢！

就在初平元年的这个初春，他先将袁绍在洛阳的亲属，自太傅袁隗、太仆袁基以下五十余口杀害，又将弘农王刘辨鸩杀。与此同时，放纵其兵士于洛阳城中烧杀抢掠，奸淫妇女，谓之"搜牢"。其兵士们出城讨"贼"时，遇见乡人"会社"祭神，遂发一声喊，乱砍乱抓。凡抓到的男性，一律斩头系于车辕，女性则一律载于车上，作为讨"贼"的战果，呼啸而还。

二月丁亥，董卓下令迁都长安。驱逐洛阳周围数百万人随皇帝西迁。皇帝的车驾刚刚启程，董卓便又下令焚烧宫室、官署，以及贵胄之家。此时，他疯狂的怒火使光武以来十二世皇帝经营了近二百年的汉家宫阙，顷刻间化为灰烬。大火燃烧了十天十夜，这十天十夜里，天也炽热，地也炽热，飞鸟在空中变成了灰，仓鼠在地下变成了炭。

那时候蔡邕与公卿大臣们一起，陪伴圣驾，艰难地跋涉在西行路上，目睹了这一惨剧的蔡琰在若干年后于《悲愤诗》中写道：

汉季失权柄，董卓乱天常。

志欲图篡弑，先害诸贤良。

逼迫迁旧邦，拥主以自强。

海内兴义师，欲共讨不祥。

这一年的阳春三月，除了荒凉和凄切，什么也没有。桃花也不绽放，桑树也不见桑葚，远眺山下，树木枯萎，满目皆是飞扬的黄土，俨然是一派寒冬腊月的景象。

司徒王允行走在长安街头，破败的气息拂面而来。哪里都是冷冷清清，没有乡下人挑着担子、提着篮子进出的情景，也不见富家公子游手好闲的模样。城内更无沸腾的人声，只有一些面黄肌瘦的人踽踽行走，即使听到一些说话声，也是有气无力。虽然是五步一楼，十步一阁，可楼阁之上的金粉早已斑驳，裸露出里面的丧气。王允在家丁们的簇拥下如行走在鬼城之中。

迎面而来的布衣寒士一个个丧魂落魄，宛若行尸。昔日街道两旁的茶亭、酒肆已寥寥无几，大多已经关门闭店，人去屋空，灰尘布满了门框和窗棂。幸存的几家也挂不出肥肥的羊肉，摆不出橘饼和粽子了。酒保和小厮都是一脸呆相，根本活泼不起来。酒店的柜子里依然放着些盘子，可不是一排铺开，而是摞在一起，盘中空空无物，更不见乡里人来捧着汤面薄饼沿街叫卖。

昔日的繁华似乎永远只能留在梦中，往事如烟，转瞬即逝，所有这一切，都让王允感到异常无奈，脸色煞白。

为了赶时间，王允不能走大道，而是率领家丁们步入了一条僻巷。王允行走其间，只见两旁房屋蛛网悬挂，不曾听得有人语之声，十分冷清，只觉得有阵阵阴风袭来。

王允不禁加快脚步。僻巷中，只有脚步声敲打黄昏。终于穿过羊肠小巷，王允的视野一下子开阔起来，满目的金碧辉煌。

此间宽敞处正是董卓的府地。眼下整个京都唯有这座深宅大院儿气派非凡，门前两座石狮张牙舞爪，朱红大门敞开着，甚是威严。再看里面树木参天，飞檐重叠，鸟语花香，如同天堂一般，别有一番景致。

王允呆呆地看了半晌，如在梦中，刚才目睹的所有凄凉荒芜仿佛不曾存在过一般。王允停立片刻，方才缓步走入，这时大院儿里有了沸沸扬扬的人声，前来赴宴的百官，一个个见面后都在例行公事地施礼寒暄，他们又能说些什么呢？

王允沿着一条长道向前行走，这长道也是用上好的青砖铺成，一尘不染。墙外的树枝伸进墙内摇曳，一枝红杏探出墙来。王允从雕花的窗格里眺望见墙外是一座玲珑精致的花园，春花烂漫，不时有女人隐隐约约的嬉闹之声传来。

王允恍恍惚惚地在这另一方洞天里行走，只觉胸腔腹腔之中五味翻腾。百官见了司徒王允过来客气地寒暄请安，司徒王允自然是该还礼的还礼，该抚慰的抚慰。百官的声音像水一般在王允

"巾帼红尘"系列

风华绝代——貂蝉

耳边流过，王允仿佛只是躯壳在说话，而思想与灵魂却在肉体之外飘来荡去。

百官既已到齐，便在一阵鼓瑟声中入席，司徒王允列坐上席。百官神情木然得仿佛长安道上两排整齐的杨树，此时，夕阳如一个迟暮的女人卧在飞檐上流连忘返，不时有鸟儿飞起叫了一声便钻进血一般的红霞之中。王允猛一吸气，顿觉一股香味徐徐而来。

董卓豪宅中灯火通明，在夕阳余光的照射下，透射出一种天堂般的虚幻气息，一如西域沙漠中的海市蜃楼。董卓在一群美女的簇拥下登堂时，百官如朝见天子般齐起身鞠躬问安。董卓脸上摆出一副放荡不羁的笑容，目光里射出的凶光令百官胆寒。他的眼神在大厅里扫过，众臣仿佛听见一种呼啸而过的声音。

这是一个可怕的兆头，无人不心寒。

董卓摇着肥胖如牦牛的身躯在宫中漫步两圈，手中的剑透出几分杀气。百官们抬眼望望宫中高悬的写着"尚父"二字的金匾，再看看骄横跋扈得不可一世的董卓，有一种微妙乃至有些玄妙之感。尚父与董卓在这个阳春三月合为一体，它将成为一个时代的标志，耸立在董卓豪宅中。

手持方天画戟的吕布登场，使在场高官们又添了几分胆寒和担忧。董卓似狼，吕布如虎，虎狼巡视于灯火辉煌的宫中，人人都有一种自危感，所有的人都如坐针毡，恨不得立即离席而去。百官注视着这一对虎狼潇洒自如地行走于堂上，个个噤若寒蝉。

突然间，董卓"哈哈哈"纵声大笑，那一排狼牙放射出血光。吕布威风凛凛地使了一通方天画戟，惹得鼓乐顿时齐鸣。

54

群臣不得不强作欢颜，华灯竞放处觥筹交错，歌舞升平。董卓一拍手，众美女鱼贯而入表演群舞，更是让人叹为观止。

一百名美丽的少女舞姬表演了圣寿舞，彩袖飞转之际似风中之灵，逐次排出圣、寿、千、古、道、泰、百、王、皇、帝、万、年、宝、祚、弥、昌等字形，精湛的乐工以笙、箫、琴、琵琶、五弦、箜篌、羯鼓、胡笳奏响欢乐的宫乐舞曲。一百名身手矫健的少年舞人献上了生动有趣的五方狮子舞，金球逗狮，杂技娱人，赴宴群臣中一片欢乐的喝彩之声。潜在的危机感飘然而去，百官纷纷陶醉在一片歌舞声中。司徒王允却无法进入这一派欢腾，激愤苦苦地煎熬着他的内心。他心中一直呻吟着："董卓匹夫，我要让你死于我的刀下……"

王允脑中正幻化着董卓身首异处的幻象时，突然听见一声炸雷般的吼叫："停！"

少女、乐工和少年一起有条不紊地退出宫中。酒过三巡，百官都稍有醉意，董卓宅中歌舞景致很快就消逝殆尽成一片空旷。肥胖的董卓春风得意地坐于首席，吕布持方天画戟威风凛凛地立于一侧，众臣只觉得一股寒潮再次从宅中的各个角落袭来。月亮已在宅外升起，人们都在想，月亮的背后一定很冷。

董卓一拍手，只见一群士兵押着一群头裹黄巾、面黄肌瘦、赤身裸体的囚犯进来。众人不解其意，都将目光扫向董卓。

董卓起身说道："今日宴请大家，是想敬请大家时时刻刻勿忘国事。大家看见的这些囚犯都是从北地招安来的黄巾军贼兵，大家看该怎么办才好？"

百官寂然无声。

堂下却一阵喧哗，喧哗者是董卓的家丁们，他们猖狂的声音，使在座众臣不寒而栗："杀了！剁了！阉了！煮了！"

董卓笑了，这种狂笑足以让每个人都胆战心惊，说道："黄巾贼党犯上作乱，祸国殃民，千刀万剐，死有余辜。既然各位都要求拿他们开荤，那我也尽地主之谊，成全大家……"

董卓说着回望一下吕布，吕布随之也爆发出一声大笑。笑声在厅堂内飘荡着，人们仿佛看见那声音穿透了墙壁。

这父子俩的笑声绝非人的笑声。

这父子俩的笑声真是虎狼的笑声。

群臣仿佛听见荒野狼嗥与深山虎啸，无不惊骇得面如死灰。

那群被押来的黄巾囚徒也被他们笑得全身发软，被家丁们的哄叫声吓得脑袋砸地如捣蒜，此起彼伏地叫着："大人饶命，大人饶命……"

董卓饶有兴致地舔了舔舌头，手一指，喝道："饶了你们，不可能！想想你们干的好事，杀你们一千遍也不解恨！"

董卓发疯似的声音弥漫开去，回荡在大堂内外。

司徒王允不禁毛骨悚然，回头看百官都在震天的哀号声中战栗失箸。再看董卓父子，全然不曾听闻一般，若无其事地饮着酒，谈笑自若。

黄巾军尽数被杀，董卓却笑得更加放肆，甚至还分了一块肉吃，百官没有人知道是如何迈出这令人噤若寒蝉的恐怖地狱的。

王允在家丁的护送下，踉踉跄跄地回到家中。他好似一只惊弓之鸟，脸色由于酒醉和恐怖跟死人脸毫无两样，进门时差点摔了个跟头，将妻子柳氏吓出一身冷汗。

柳氏自从嫁给他以来，从未见过王允如此狼狈。她伸出双手扶住了他，只听见他像梦游症患者一般嘴里喃喃地说："董卓……老贼……吃……人……"

这时，厨房里有肉的香味拂面而来。柳氏深知王允酒后需要肉汤醒酒，因此一如既往地将汤早早熬好等待丈夫的归来。王允一阵恍恍惚惚，肉的香味又刺激起他的那些血腥回忆，他的肠胃顿时翻江倒海，大口大口地呕吐起来，边吐边叫："谁……谁在煮人肉？"

"我没有……"

就这样折腾了好久，他还总是梦呓般喃喃自语。

午夜时分，王允在一场噩梦中惊醒。整个晚上他总感觉到有个黑影乘着雪白的月光而来，走到他的枕边，用两只光滑冰凉的手抚摸他的头颅，整个晚上都没有停止过。他的抚摸很温柔，但指尖总透着一丝丝的凉意。当那只黑暗之手抚摸他时，他内心充满了恐怖，浑身却不能动弹。不一会儿，那个黑影又徐徐潜过来，山一样地将他压得紧紧的，他奋力挣扎着，要将那山一般的沉重移开……

他终于从迷离阴森的梦境里爬出。柳氏被他的惊叫声吓醒，茫然地望着他发福的身子。这时他又仿佛听见那个影子在敲窗户，他紧紧握住柳氏的手突然跳了起来喝道："外面是谁？"说完他慌忙揉揉他那依旧血红的眼睛。

"外面一个人都没有。"柳氏朝窗外望了望，平静地说。

过了好久，王允披着被子坐起来点亮了灯，灯光在他绷紧的脸上投下一圈弧形的光晕。

宴会上那些被惨遭杀戮的黄巾军的哀号声呼啸而来，他惊恐地睁大了眼睛。

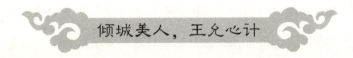

倾城美人，王允心计

必须想办法杀掉董卓。董卓是一只豺狼，不杀死他，我迟早要被活活埋掉。

王允置身于恐惧之中，他感到月光如河水一般在洗刷夜晚。他从来没有像现在这样觉得一切都飘忽不定，隐隐地，他似乎又闻到了一股血腥味。

突然，王允听到了什么，他驻足细听，有低低的哭泣之声从假山后面的花丛里传来。

王允停立片刻，便穿过月门直接步入后花园中。月光落下，洒在满池荷叶上。王允穿过贴在荷叶之上的九曲石桥，那哭泣之声越来越近，越来越悲切，让人心碎。

王允穿过花径，绕了几个弯，便转到假山那一侧了。抬头一看，只见惨白的月光之下，牡丹亭畔，一个美艳绝伦的女子燃了一炷香，对天祷告。吟哦之声如她四周的牡丹一样灿烂，光彩照人。她站在月光下，像一株柳树临风，衣带飘扬。吟哦和哭泣之声就是从这里飘扬而出，随着香烟袅袅升上天际。白云被月光镶了一道银边，缓缓移动，将几颗稀疏的星星覆盖住。

那女子听见脚步声，慌忙擦干了眼泪，吟哦之声戛然而止。

王允被眼前美艳迷人的女子惊呆了！这正是半年前他在御花园中搭救的貂蝉。

王允万万没想到半年前在御花园中所救的那个饮露谁生的女子竟出落得这般漂亮美艳。她只一回头，樱桃小口立即露出无限的风情，一双秋水微漾的眼睛飘忽游荡。王允好像在梦中暗暗懊悔无意中错过一颗默默发亮的夜明珠，于是，他大喝一声："贱人有私情了吗？"

这一声嘶吼将貂蝉从月色交织形成的光影之中惊醒，回忆在那吼声中消失殆尽，只有满园子的月光与牡丹花香。

矮胖黝黑的王允站在月光里，是后花园最不和谐最煞风景的景致。他故作威严地站在貂蝉面前，貂蝉身上散发出来的阵阵体香使他几乎意乱情迷，心旌荡漾，不能自持，那是一种逼人且充满诱惑的美。当貂蝉向他投来火焰般的一瞥时，他只觉得"轰"的一声，整个身体都燃烧了起来……

"女儿拜见爹爹……"

美人屈身下跪，那盈盈的身姿、美妙的声音，顿时使王允骨软神酥。那是怎样的惊心动魄啊！王允表面镇定如故，胸口却突然烫痛。他没想到貂蝉出落得如此美艳惊人，这简直是对自己的嘲笑。他清楚地看到几缕黑发从她发鬓上淌下来，和月光一起铺满肩头。王允顿时觉得空气中有草浆的温香，拂面而来。

万幸的是王允毕竟不是少年人，也非色迷心窍之徒，没有失态，虽然声音颤抖但仍用老爷的威严说："夜色已渐深，不回房休息，在此暗自哭泣不是因为有了私情又是为何？"

貂蝉直身站起，王允身形虽矮矬，但他威严地俯视着她。她心中略有些慌乱，脸色绯红，急忙辩解道："女儿怎么敢有私情？"

王允看着她娇弱慌张、美丽含羞的神态，不禁多了一分爱怜，用略微和缓的声音问："难道府上有人欺侮你不成？"

已经好久没人这么问候过她了，她心中顿时涌起一种感动，心潮澎湃。她心中有千言万语，有要把一切告诉父亲的强烈欲望，她鼓起了勇气。

然而，当她的目光与王允的目光相对时，她突然又明白了，这不是那个有宽大温暖的手掌的父亲，她不知该不该说。

半年的皇宫生涯，一年侍奉皇甫规夫人马氏的经验培养了她的应变能力，她轻启朱唇，娓娓说道："不，府上没有人欺侮女儿。只是近日看爹爹不思饮食，苦闷异常，心里焦急难过，本想替爹爹分忧，爹爹待我恩重如山，我却不敢在爹爹跟前动问，所以只好在此悲伤……"

这话不说则已，一说顿时如电光石火，将王允击得云里雾里。

刚才王允是有点想入非非，使劲抽着鼻子，吸着她的芬芳。此时貂蝉得体机智的话，一下子感动了他，又一下子将她与他隔绝开来，离他而去。

在王允塞满野心与诗书的脑袋里，一个计划正在酝酿膨胀……

此时，交织在他心里的既有渴望，也有苦痛。那个计划是他的神来之笔，可是当这个杰作付诸实施时，他将失去平生一件最大的财产。

他伸出手抓住貂蝉小巧白皙、在月光下如玉一般光泽的小手，轻声道："蝉儿，外面风大，很容易着凉，跟我来。"

王允的书房空空旷旷，只有一豆孤灯摇摇曳曳，铺地的青砖泛着淡淡的黄光。桌上制作精巧的琉璃盏、玛瑙杯、象牙雕和各式古玩泛着淡淡的青光。博山炉里的龙涎香，香烟缭绕。铁梨木雕花的屏风、八仙桌上的围棋、墙上的宝剑、案几上插着孔雀尾的古瓷瓶，还有靠着墙壁满柜子的书，在灯光里显得极不真实。透着金属光泽的滴漏铜壶，滴滴答答，催促着暗夜走向更深处。

几个守着空房的书童，在灯下正昏昏欲睡。王允老爷的到来使他们猛然醒来。在老爷的呵斥声中，鱼贯而出。一个较为精瘦的书童回头望了一眼老爷和老爷身后如花似玉的貂蝉，满腹狐疑地在心里问："这么晚了老爷要干什么？"

他心中坏笑一声，仰头打了个长长的哈欠，最后一个离去，把门虚掩上。月光冲开的缝隙，挤了进来，落在青砖地上如同银棒一般，屋外又是死一般的寂静。

貂蝉在心里不由得打了一个激灵，她回头看了一眼神色鬼鬼祟祟的王允，却没有从他脸上找到任何不轨之图的痕迹，连男人通常脸上爱浮出的那种轻薄和贪婪神情都没有，她感觉到将有什么重大非凡的事情要发生。

老爷的脸像雨前的天空一般，乌云密布，会有什么事情发生呢？

面对这个如花似玉的美人，与之单独处于一个空房之中，在那阵阵体香的袭击下，他王允居然能心静如水，连王允自己都觉得纳闷。

他越来越清楚地看到：除掉董卓，是当务之急！

而除掉董卓的计划，在他心中已经雪亮，实现这个计划的人，就在眼前。

"蝉儿，请上座。"王允手一招，仿佛启开了虚空之中的一扇门。貂蝉被这突如其来的礼节震惊了，望着那扇门，踌躇不定，连忙跪下，告罪道："女儿不敢。"

"我叫你坐你就坐。"王允将貂蝉扶起，拉向红木漆的椅子，貂蝉冰肌玉肤的手在他粗糙的手掌中微微挣扎。

一丝惆怅和感伤浮上他的心头。

一缕月光又从雕花的窗格上探进来，窗外云影翻滚，那月光突然扩大，王允书房上方放置的金匾上写的三个字一下子浮现出来，那三个字是前帝汉灵帝刘宏亲笔所书：锦云堂。

在一瞬间，那三个字像游龙一样在月光里动了起来，蹿进月光的银色之中，呼的一下又消失了。多少年后，当貂蝉回首这个夜晚时，这一景象仍然若隐若现。

貂蝉既已坐定，王允突然跪地叩头就拜，这一举动使貂蝉大惊失色，赶忙跪到王允面前搀扶王允。当王允抬起头时，貂蝉惊讶地发现，王允黝黑的脸上，两行老泪如蚯蚓一般缓缓而下，落到腮帮时，便止住了，泪滴隐隐约约、明明灭灭地闪烁着银色的光。

貂蝉惊恐地跪在地上说："爹爹何故这样？"

王允泣不成声地说："蝉儿，这回汉室江山有救了。"

当这话从王允口中飘出时，他并没有感到自己的虚伪。在那个混乱年代，几乎所有人的话语都围绕着如何匡扶汉室江山、拯救国家来展开，不管是有心还是无心，救国是最冠冕堂皇的口号。即使是董卓本人，在没有取代汉朝皇帝之前，他的一举一动，都要打着维护汉室利益、拯救国家的旗号。

貂蝉望着泪如泉涌的王允，如坠云雾之中，忙问："爹爹，这究竟是怎么回事？女儿怎敢接受爹爹的跪拜，这简直是女儿的罪过。"

貂蝉起身把王允扶到座位上，王允浑身僵硬如木头一般。貂蝉又说："是爹爹将女儿从御花园中救出，只要有用得着我的地方，我都将万死不辞。"

王允闻言喝彩道："好一个烈女子，我果然没有看错人。"

貂蝉守候在王允身旁，王允一抹老泪，说道："现在百姓有倒悬之危，君臣有累卵之急，你可知道？"

貂蝉说道："女儿目力浅薄，还望爹爹明说。"

王允叹了口气，道："现在朝廷大权全掌握在贼臣董卓之手，他不仅滥杀无辜，陷害忠良，还想篡夺汉室江山。小儿吕布更是骁勇异常，好生了得。我朝文武鉴于他的军威，皆是敢怒不敢言……这，你大概已有耳闻吧？"

王允的话一下子将貂蝉推到了那个细雨绵绵的清晨。董卓肥胖的身躯，再次挤进她的脑海；在五匹马撕扯下四分五裂的马夫人撕心裂肺的惨叫，呼啸着从她耳际穿过；而皇甫规家被满门抄斩、遍地鲜血的怖人情景，再一次像水一般地涌到了她的眼前。她对着苍天立下的杀死董卓为马夫人报仇的誓言，再一次在她的耳边震响。

"你——能——担——起——杀——死——董——卓——的——重——任！"王允一字一顿地吐出的话将貂蝉从回忆中拉回现实，这每一个字，都如重锤一般敲打着她的心，她就是在梦中也不会想到王允会对她说这句话。她无比震惊地抬起头，望着神情迫切、脸部肌肉扭曲的王允，半天说不出一个字来。

"董卓残暴成性，只要是人，都有诛灭他的心思，我也对他恨之入骨，可惜不能生啖其肉，爹爹的意思是……"貂蝉好大一会儿才镇定下来，花容月貌中透着妩媚。

这一问，倒把王允给问怯了，他迟疑了老半天道："吕布、董卓皆是好色之徒，今晚见到你，我心中顿生一计……"

貂蝉突然一下子全明白了，老爷是要使"美人计"。她只觉得王允的话如洪水一般向她涌来，而她，只是洪水之中的一片孤立无援的树叶，于激流之中时沉时浮。在耳边回响的，是很远以前母亲在她耳边天天讲、月月讲的《三字经》忠贞节观。她一下子天旋地转，进退两难。

王允的话喋喋不休地直灌进她的耳朵："……如若以你为诱饵，必能使他们父子色迷心窍，叫他们为你争风吃醋，自相残杀，汉室江山岂不得救了……"

嫁给董卓，杀死董卓，实现她的誓言，为夫人报仇雪恨，纵使玉石俱殒，也不枉了今生。这些想法仅仅在她脑子里一掠而过，貂蝉镇定地说道："爹爹，刚才小女已经说过，只要有使命，貂蝉万死不辞。何况是大人将我从御花园中救出，给我重生的机会，我的一切都是爹爹给的，我早就想报答爹爹恩德，但苦于没有机缘。今天爹爹在如云的美女中，认为我能胜此重任，这是我的福分与荣幸。请爹爹放心，为完成此重任，我会赴汤蹈火，万死不辞，以报爹爹深恩……"

王允听后心中猛地一阵狂喜，但又有所顾忌地说："事情如若泄露，我可是有灭门之灾啊！"

貂蝉说："大人不必担心，小女若不报大义，必死于乱刀之下……"

王允见貂蝉答应，忍不住老泪纵横，口中喃喃地说："貂蝉，貂蝉，天赐我也！有你舍生取义，国家之幸，万民之幸啊！"

然后，父女俩又秘密计议了半天，末了王允又一再叮咛，此事除二人之外，不能让第三人知晓，以免事情泄露招来杀身之祸。更不能让老夫人知道，否则她一定舍不得貂蝉，不会让貂蝉冒险，这样一来也就麻烦了。貂蝉仔细听着，一一答应。

一轮圆月正从云里缓缓移出，月光从窗外泼进来，将貂蝉圆圆满满地罩住，貂蝉浑身银光闪烁，如同月色里的冰美人。

第三章

柔情陷阱，密谋声讨暴君董卓

这是一个"美人计"，也是一个让人不知所措的"连环计"。王允先把貂蝉暗地里许配给吕布为妻，再明着把貂蝉献给董卓做妾。貂蝉嫁给董卓之后，对吕布暧昧送情，周旋于父子二人之间。

董卓劫持皇帝，不讲信义

老贼董卓劫持着皇帝，离开了洛阳。没有半天工夫，孙坚就从汜水关赶到了洛阳。原来李傕、郭汜奉董卓之命镇守汜水关，听说董卓丢下洛阳跑了，他们也弃关带着人马逃了，孙坚就由汜水关长驱直入洛阳。进到洛阳，孙坚先下令兵士奋力救火，好不容易才把这场大火给扑灭了。孙坚就在宫廷的废墟上安营扎寨，然后派人禀报盟主袁绍，请袁绍到洛阳来。

袁绍接到孙坚的禀报，就率领各路诸侯赶到了。来到洛阳，各路诸侯抢占地盘，你争我夺，把洛阳城里城外搞得乱七八糟。袁绍盟主的大帐刚刚支起来，曹操就来了。

"本初，如今董卓逆贼劫持天子，火焚洛阳而去，您怎么还不赶快派兵追呀？"

袁绍抚髯一笑，说道："孟德，连日来人马苦战，疲劳过度，我想先在城里将息几日。"

袁绍说这话是想保存实力，他一接到孙坚攻进洛阳的禀报，就觉得大功告成了。袁绍这么一来，各家诸侯就都不动弹了，各有各的打算。曹操气得一跺脚，骂道："这群贼子，难与为谋！你们不追，待我去生擒董卓。"

他领着自己的一万多人马，带着曹洪、曹仁、李典、乐进、夏侯亭，跟在董卓的后面追上来了。

曹操的人马追得很快，半天工夫就追上了董卓的兵马，可是却中了李肃的埋伏。离开洛阳时，李肃唯恐后边有兵马追赶，就派荥阳太守徐荣在半路上埋伏，让吕布断后。曹操领着人马追来，正好中了人家的圈套。吕布迎面杀过来，徐荣打后边杀上来，杀得曹军溃不成军。

曹操拨马落荒而逃，跑出没有多远，突然从草丛中伸出两条枪来，正好刺在他的马腿上。这马一打晃，就把曹操从马鞍上摔下来了。随即跳出两个军校，把曹操给绑上了。正在这时，曹洪赶到了，一见自家主公遭擒，不由得怒从心头起，恶向胆边生，怒吼一声："勿伤吾主！"拍马赶到，把这两个军校杀了，救下曹操性命。他见曹操没了坐骑，就跳下马来，对曹操说："请主公快上我的坐骑，我在马下保护您！"

曹操说："那你呢？大将军哪能没马呀？"

"啊呀！"曹洪急了，大声说，"您赶紧上马吧！天下可以没有曹洪，但不可无公！"不由分说，扶起曹操上了马。曹洪保着曹操来到河边，糟糕！前有大河挡道，后有追兵击杀，曹操一看，完了："我命休矣！"

曹洪宽慰道："主公不必担心。"

他把曹操从马鞍上搀下来，背到自己背上，趟水过了河，就这样甩掉了后边的追兵。

直到天光大亮，曹操才把残兵败将聚集到一块儿，这下可惨了，本来是一万人马，现在只剩下一千来人。

曹操反倒乐了，大笑，道："哈哈哈，这仗打得有意思啊！没想到咱们倒中了逆贼董卓的奸计！"

他手下的军校一看，也感到好笑，心里说："咱们主公真有意思，让人家给杀得大败，反倒乐了。"

其实，这是曹操的长处，他打了败仗也从不气馁。曹操手下的将领都劝他赶快收拾回洛阳，曹操摆了摆手说："此言差矣！袁绍和各路诸侯都没有多大出息，我们不能跟他们一块儿共事了。"

大家一听，感到奇怪，都问："主公，为什么不能和这些诸侯共事呢？"

"你们哪里知道其中奥妙。各路诸侯各怀异心，形同散沙。刚一开战，袁术就断了孙坚的粮草，以致孙军大败；进了洛阳，袁绍又不思进取，放逆贼董卓从容逃跑，使前功尽数付之东流。经此一事，我曹孟德算是把袁绍等人认清了。与这些人共事，是断然没有什么好前途的。从今以后，得自谋成功之路，慢慢寻求灭董卓之计。"大家一听有理，就跟着曹操走了。

曹操刚刚离开洛阳，洛阳城里就出了事情，事情就出在江东猛虎孙坚身上。孙坚的大营扎在皇宫的废墟上，他手下的一个军校从一口井里打捞起一个宫女。这宫女怀里揣着一个锦盒，打开一看，里边是一方玉印。这方印四寸见方，坏了一个角，用金子镶着。在这印上刻着五条龙，背面有"受命于天，既受永昌"八个字。

军校赶紧禀报孙坚。孙坚虽不知道这是什么物件，但明白不是平常之物，赶忙把程普、黄盖和几位贴心的大将找来辨识。老将程普一看这印，欢喜地说："将军，这是传国玉玺啊！"那么这玉玺怎么会跑到宫女身上呢？原来十常侍作乱的时候，何进被杀，宫廷混乱，小皇上被劫，宫女们四处躲藏。这个宫女保护着这颗玉玺想找个地方藏起来，可能藏不住了，就投井而亡。

程普又对孙坚说："如此说来，我们要恭喜将军，贺喜将军！"

"嗯？"孙坚一愣，"我喜从何来呀？"

"啊呀，您怎么还糊涂呀？谁要得到这方玉玺，谁就可以当皇帝啦！"

"啊！"孙坚心头怦怦直跳，"噢！原来是这么回事呀！"

"将军哪，您可不要走漏半点风声！"

"啊，这个……"孙坚左右一看，除去他的贴心大将，还有十几个亲随军校。他叮嘱道："谁要给我走漏出去半点风声，我就把他碎尸万段！"孙坚乘着高兴，摆酒款待程普、黄盖。席间，程普就给他讲了这方玉玺的来龙去脉。

春秋时代，楚国荆山脚下住着一个人，这人叫卞和，卞和终年砍柴为生。有一天，他在山脚下看见一只凤凰站在一块石头上，卞和一声惊叫，把那只彩凤给惊飞了。他知道，凤凰不落无宝之石，此石必是宝玉无疑，卞和跑过去就把这块石头抱回家了。

第二天，卞和柴也不打了，背着这块石头向楚王进贡去了。他告诉楚王：这是块宝玉。楚王一看，是块大石头，就把这卞和轰出去了。卞和不死心，过了三天又来了，还说这块石头是宝玉。楚王一气之下，就把卞和的一只脚给砍了。这叫作刖足，是古代的一种刑法。

不久，楚厉王死了，楚武王继位。卞和又把这块石头献给武王。楚武王还是不相信这是块宝玉，就把卞和的另一只脚也给刖了。卞和拖着两条残腿，抱着石头回家了，他很伤心，天天抱着石头在荆山脚下哭泣。

人们看着他也挺难过的，说："这回你该死心了吧？两只脚都没了！你把这块石头扔了得了！"

"啊呀！"卞和一听，大惊失色，忙说，"这块石头不能扔啊，这是宝贝呀！凤凰曾经落在这块石头上，我还得把它献给国君。"

卞和这么固执，把他房前屋后的左邻右舍都给气跑了。大家都说："你这个人可真怪，两条腿都废了，还要献给国君哪？早晚你这脑袋不得搬家呀！你这是何苦呢？搁谁也是把石头一扔就算啦！"

卞和不干，说："我非得把它献给国君不可，否则我是死不瞑目啊！他就是把我杀了，我也得把这块石头献给他！"

"唉！"大伙一听，这是铁了心呀！

果然，过不多久，楚文王继位了。卞和让别人抬着，抱着这块石头又来了，就坐在午门外面哭。

文王知道了，派人把卞和叫进来。楚文王知道这事，说："前面两位国君对你这块石头都很生气，不但把你轰出去了，还把你两条腿都给废了，你怎么又来了？"

卞和听到这儿，给文王磕了一个头，说："大王，我拿的这块石头，不是石头，它是一块宝玉！"

他又把凤凰落在这块石头上的事情，前前后后说了一遍。

楚文王一看这个人太诚心诚意了，就说："你等着！"

楚文王传旨，马上找来好些玉工，文王告诉这些玉工："你们也别给我辨认了，你们就给我小心剖开，让我看看到底这是块石头还是块宝玉。"玉工们小心翼翼地把这块石头剖开，一看，里面果然是一块美玉。

那么外边这层石头叫什么？叫璞。透过璞识美玉，非常之难。这样，当时楚文王就把这块宝玉留下了，重赏了卞和。卞和并不想升官发财，楚文王为了表彰卞和，就给这块宝玉取了个名字，叫作"和氏璧"。

那么卞和为什么三番五次地非要把这块宝玉献给他的国君呢？甚至两条腿都废了，他都不后悔？因为卞和有一种信念。古代不是有"凤凰不落无宝之地"的传说吗？这是个迷信传说，卞和就相信这种迷信传说。既然凤凰落到这块石头上了，那么这块石头就是一块宝贝。是宝贝就应该献给爵位最高，而且非常有德行的人，只有他才有资格拥有这块宝玉。这样的人哪找去呢？只有他的国君——楚王。所以他三番五次、不厌其烦地要把这块宝玉献给他的国君。

后来这块和氏璧落到了秦始皇的手里，秦始皇就让能工巧匠在上面刻了五条龙，又让李斯篆写了"受命于天，既受永昌"八个字。从此，这块和氏璧就变成了皇帝的传国玉玺。

后来玉玺又少了一角，那是因为王莽篡位的时候，有一位皇后拿这块传国玉玺击打王莽，没打着，摔掉了一角，后来就用金子把这个角镶上了。

孙坚得到这方传国玉玺后，喜出望外，心说，我还在洛阳这儿待着干吗呀，我连夜走吧，赶回江东，怀抱这方传国玉玺面南背北登基坐殿去吧！

程普讲完传国玉玺的来龙去脉，又献计说："主公，你既有面南称尊之望，就不能再待在这洛阳了，得赶快想办法回江东去吧。"

孙坚觉得这话有理，略一沉吟，说："明日我就托病不出，然后就跟袁绍盟主告假回江东养病。"程普连声说："此计甚妙！此计甚妙！"君臣计议停当，孙坚又晓谕几个知内情的军校：传国玉玺一事，须得严守机密，谁要是往外透露一个字，必斩不赦。

其中一个小校与袁绍是同乡，他见孙坚这事做得不怎么光明正大，就连夜跑到袁绍那里报信去了。袁绍听完小校的报告，非常生气，决定要趁孙坚前来告假的时候，好好地教训孙坚一顿，让孙坚把玉玺交出来。

第二天，孙坚果然来了，身后跟着程普、黄盖两员战将。袁绍还像往常一样，对孙坚很客气，照旧在寝帐中接待他，不过，他让颜良、文丑两员大将在旁作陪。

宾主二人寒暄过后，孙坚说："盟主，近日我身体不爽，想跟您告假回江东歇息几日，日后盟主有用我之处，我再前来帐前听候调遣。"

袁绍微然一笑："孙将军身有贵恙，理应歇息呀，但不知将军得的是什么病？"

"啊，这个……"

"孙将军，你要说不出来，本初可以给你说出病源。"

"盟主，您说我害的是什么病呢？"

"你呀，害的是玉玺之症！"孙坚听到这儿，腾地站了起来，脸都变了颜色，"盟主，这话从何说起呀？"

"孙将军，所谓玉玺之症，还不是发端于从井里捞出的宫女吗？"袁绍就把孙坚得玉玺之事，有根有据地全部端出来了。

孙坚见露了马脚，心中暗暗叫苦，但嘴上却矢口否认："盟主，您错怪我了，我根本没捞过什么宫女，也没看见过什么玉玺。"

袁绍轻轻摇头，说："孙将军，你乃诚实之人，不要在我跟前扯谎了。玉玺乃是传国之宝，我们各路诸侯会集一处来灭董卓，董卓逃走了，你得了玉玺，就应该把它献到本初的跟前，让各路诸侯同来商议，做出处置才是。你怎么能把它私自带回江东呢？"其实，袁绍也有私吞玉玺之心。

孙坚明白袁绍这套把戏，他怎么肯把玉玺交出来，他一口咬定："盟主，断断没有此事，您是冤枉我孙文台了！"

"怎么，孙将军，你难道还要对质不成？"

"何人敢与我对质？"

"来呀，把江东小校传上来！"

一会儿工夫，那报信的江东小校走进来了。他一看孙坚在此，不敢进到前面。

袁绍说："你不必害怕，当着你家主公，只把事情复说一遍就是了。"

孙坚自然认得这江东小校，小校刚一张嘴，他就把宝剑亮了出来，要伤小校性命。

袁绍也把宝剑亮出来了，他身后的颜良、文丑也掣剑在手。程普、黄盖哪敢怠慢，早把宝刀横在掌中，霎时，刀剑出匣寒光闪闪，刀光剑影，杀气腾腾。

袁绍骂道："孙坚！你休得在此无礼！"

各路诸侯闻讯赶来，急忙劝解。袁绍、孙坚，各说其理，互不相让。孙坚咬紧牙关不承认，并对各路诸侯跺脚捶胸直要起誓，大家连忙把孙坚劝回他自己的大营。

孙坚回到大帐，跟程普、黄盖几员大将一商议：咱们还在这里干什么？走吧，早点回江东去吧！当即拔营起寨，离开洛阳，取道江东。

孙坚一走，袁绍更加认定玉玺就落在孙坚的手里。袁绍马上写了一封信，派快骑抄近路送给荆州刘表，让刘表在半路上截杀孙坚，夺回玉玺。刘表跟袁绍感情很好，特别听袁绍的话。孙坚的人马还没到，刘表就把阵势摆开了。

孙坚一到，就遭到了刘表的突然袭击，两下展开一场血战。孙坚兵微将寡，如何挡得住刘表的截杀。混战中，他本人都差点成了刘表的俘虏，幸亏程普、黄盖几位将军舍命相保，才保住性命，败回江东。孙坚的脾气十分暴烈，回到江东，就马上调集人马，去荆州找刘表报仇。很多人劝他不要贸然从事，他也不听，领着人马杀奔荆州去了。没想到兵进荆州，又中了刘表的埋伏，孙坚死在乱军之中。可怜一代英雄，为了藏一方玉玺，把命搭上了，从此孙刘两家结下了冤仇。

这时，在洛阳的各路诸侯，更加离心离德，大部分相继拔寨而去，留下的也是无所作为。兖州刺史刘岱找东郡太守桥瑁借粮，桥瑁不借。刘岱一气之下，把桥瑁给杀了，把他的粮草和军兵都收过来了。袁绍一看诸侯自相残杀，还有什么脸面当盟主，也拔营回去了。就这样，十八路诸侯烟消云散了。

董卓得到这消息，真是喜出望外。他最怕的就是江东猛虎孙坚，孙坚这一死他放心了，松了口气说："咱家从此无忧矣！"他在长安更加骄横，"尚父"做得更踏实了！

他上朝坐皇帝的龙车，下朝摆皇上的銮驾，文武大臣都得在午门迎送。这还不算，董卓还在离长安二百五十里的地方，修建了一座郿坞城。郿坞城的规模布局跟皇宫一模一样。郿坞城修成之后，董卓派人抢来民间美女八百名当宫娥彩女，整天弦乐歌舞不断。他储存在这里的粮食二十年都吃不完，金银珠宝堆积如山，赛过当年秦始皇修建的阿房宫。朝里文武大臣有什么事都得跑到郿坞来问他，老贼经常在郿坞城欢宴文武。

夜献金冠，宴请吕布

当青衣男子在昏黄的灯光里一晃的时候，大将军吕布正在书房里展读兵书，家丁沙哑的通报声将兵书中诡谲多变的思路驱赶得一干二净。吕布猛抬头圆睁一双豹子眼，家丁在大将军凛冽的目光里唯唯而退，那个青衣男子便在门边出现，宛若框中的一幅画。灯光摇摇晃晃、飘摇不定，青衣男子也摇摇晃晃，飘移不定。

青衣男子笑笑的脸孔对于吕布来讲无比陌生。他用中气十足的声音向笑笑脸的青衣男子问道："你是何人？"

吕布的声音如猛虎啸于荒野，笑笑脸的青衣男子仿佛看见声音穿透墙壁的情形，有些惶恐，于是不再那么笑了，垂下双手，脑袋耷拉下来，用一种阉公鸡似的声音说："我是司徒王允府上新来的管家，奉司徒王允之命，为表示主人对盖世英雄将军您的钦敬，特来奉送金冠一顶……"

青衣男子脸上的笑笑神情重新又浮现出来，但见他手一招，门边又有一黑影闪出，当黑影进入房中时，灯光将黑影黑褐色的外壳掀去，一位潇洒的少年捧着一个蒙着红布的红盘伫立在书房中央，听任昏暗的光线如流水一般洗刷他的神采。

青衣男子的身影移向了少年，只见他的手很虚幻地一揭，顿时有金光流溢而出，将昏暗的书房四壁照得雪亮。金光之中，有无数饱满圆润的珠子，它们以一种美妙的姿态珠联璧合成一顶金冠的样子。吕布被那刺目的金光照得两眼有些发痛，反而觉得那如太阳一般光亮的金冠很不真实。

"这是为何？"吕布惊起，脸上的肌肉一鼓一鼓，仿佛要从脸皮下绽出来。

"请将军笑纳。"笑笑脸的青衣男子和神采飞扬的少年人再次揖手。

吕布在这一瞬间打开了记忆的闸门。在他的印象中，王允属于那种愚忠愚孝、狗一样追随着朝廷，追随着小皇帝的老顽固。

这样的老顽固怎么会想到来勾搭我？

吕布大惑不解。

笑笑脸管家的话再次将吕布打入疑惑的深窟，他说："主人向来佩服将军的英武决断，长久以来一直想设宴款待将军，总是寻不到机会。明天正是十八良辰吉日，主公特设薄酒陋宴，想与将军把酒度过良宵，将军能否赏光？"

吕布听笑笑脸管家这么一说，一种受宠若惊的感觉涌上心头。吕布自从杀死丁原认董卓做父以来，为虎作伥，参与炮制的冤假错案宛如户外的满天星辰。百官众卿畏惧吕布如畏惧虎狼，既怕得要命，又恨之入骨。偶尔路遇，对他如瘟神一般，避之唯恐不及，哪里还有人吃了豹子胆把这样的虎狼引入室中把酒言欢，与狼共舞呢？

在"卓党"中，人人都知道他的反复无常，不敢与他深交，自然除了董卓之外，没有一个说得上话的朋友。

吕布虽勇猛盖世，却孤独得如同荒原野狼，司徒王允的邀请使在寂寞中徘徊已久的他仿佛见到了黎明一样感激涕零。

于是，他用猛虎一般十足的底气说道："烦先生回去告诉司徒大人，说我明日一定亲自到府上登门致谢。来人，给两位先生每人二十两赏银。"

笑笑脸管家从猛虎的声音里听到了感动，而少年依然木在那里，他悄悄地一扯少年的衣襟，少年从遐想中猛醒，连忙双膝一软，伏身拜谢。吕布笑逐颜开，他有一种征服的自豪感。

吕布望着笑笑脸管家和神采飞扬的少年领着赏银欣然出去后，对着那流光溢彩的金冠陷入沉思。

风采少年和管家很快消失得无影无踪，夜依旧静得出奇。

司徒王允家的中堂布置得金碧辉煌，天花顶是用蓝色的绸布粘贴的。绸布下面，镶嵌着闪烁着五颜六色的牡丹等奇异花卉。绸布的中间，有一轮大如伞盖的金黄色圆月，是用金纸贴上去的，里面好像有许多金黄黏稠的液体马上就要流出来。

远处有马的嘶鸣声十分刺耳地传来，马蹄声也清脆地飘扬而来，划过了长长的深巷。司徒王允有些惶恐，就在今晚，他将实施计划中关键的第一步，一位盖世的英雄就要迈进一个柔情的陷阱。

他再一次审视了中堂里食案上的珍馐美肴，佳酿甘醇，那些食案如同天上明月一般排成了圆形，只在中堂与前厅之间的通道上留了一个供人行走的口。王允满意地看着摆成圆形的食案，这是一个圈套，过不了多久，一只猛虎将要落入这食案围成的圈套里，任他呼来唤去了。

想到这儿，一丝笑意掠过他黝黑的、肥肉横生的脸庞。早有人进来通报说吕布将军已到，沉浸在幻梦里的王允，这才想起那马蹄声戛然而止已有些时间了。于是，他像被一条无形的鞭子驱赶着一般，快步穿过中堂与前厅，亲自去涂着朱漆、石狮子张牙舞爪的大门口迎接。

吕布牵马昂然而来，他头顶上束发金冠猩红色的带子在月光里飘忽抖动宛若游龙，战袍上的群花灿烂夺目，唐猊铠甲耀眼生辉，狮蛮宝带更衬出了他的英姿潇洒。一轮圆月将他牵马挺戟的剪影勾勒得淋漓尽致，栩栩如生。王允在十米之外，便感觉到那股英气拂面而来，直逼骨髓。

吕布见了王允，加快了脚步，王允只觉得一座挺拔陡峭的山背着月光朝自己移过来。吕布拱手寒暄，他也拱手寒暄。早有仆人飞奔而来，牵着赤兔马往里走，赤兔马却像长在地上一般，死活不动。

吕布回头看了看赤兔马，马也抬头望吕布，马的目光里流露出哀求。吕布大惑不解，马又试图用目光在吕布与王府之间竖一道栅栏，不让吕布入内。吕布却没读懂马的目光，他跨步过去，用英雄之手抚摸了一下柔软光洁黝黑的马鬃，那个动作，仿佛纯情的少男在抚摸初恋少女的如瀑长发。马长嘶一声，双腿腾空，迎着满月吐着热气。

吕布在王允招引下，穿过了马的目光铸成的无形栅栏，昂然走向王允的前厅，迈向由食案围成一圈的中堂，挺进圆圈的小口。

赤兔马穿过前厅的暗影，看见吕布已经走进食案围成的圆圈中心，仿佛看见一双手将他紧紧环抱住了，也只好绝望地长叹了一声，便任着仆人牵进马槽，一滴晶亮的泪滚落下来。

仆人牵着赤兔马，丝毫没费力气，感觉像牵一张纸一样的轻松。马通人情，俗话说："好马配良将。"英雄的宝马不知英雄还能骑多久？

司徒王允喋喋不休的溢美之词使大将军吕布飘飘欲仙起来。吕布虽身为当世英雄，但受到司徒这样朝廷重臣的破格礼遇，不能不深感荣幸。因此，一种酒逢知己千杯少的感觉，从心底蹿出，在心之海游来游去。王允在一再夸奖吕布将军的才干和武功之后，又将一顶又一顶的高帽子抛向此时并不在场的董卓。吕布浸泡在王允为他酿造的一个又一个甜蜜的词语之中，酒不醉人人自醉。

　　吕布驰骋疆场，战功也算显赫，还没有几个人能如此一顶高帽又一顶高帽地夸赞他，吕布自豪至极。王允酒席的场面之大可容纳百人，而请的只有他一个，荒原狼一般孤独的吕布面对眼前的场景，恨不得像杀丁原一般杀了董卓，认王允为父。

　　酒过数巡，吕布感觉到有个声音朝他游来，那声音干涩有如青果，却殷勤宛若肥肉。好久，他才找到这声音是从王允厚厚的嘴唇里飘出的，他想自己大概是有些醉了。

　　那声音说：“薄酒陋宴，难成敬意，还望奉先将军见谅。不如唤出佳人把盏，歌者劝酒，奉先将军意下如何？”

　　吕布好色，听见这话，如酒杯敞开着待佳酿倾入一般，正中下怀，他迫不及待地说：“司徒大人如此盛情，吕某荣幸之至，一切听从先生安排，吕某从命则是。”

　　王允闻言轻拍一下手，便见一队浓丽纤巧的妙龄女子从中堂侧面的玉屏后面袅袅婷婷缓缓而出。那些女子个个美妙绝伦、光彩夺目，宛若天仙一般。吕布看得目眩神迷，只觉得玉屏后面，有一朵一朵的彩云朝着自己飞来。

　　那些女子飘至中央，便轻舒歌喉，曼回舞步，且歌且舞。不一会儿，歌声缭绕，舞姿翩翩，整个中堂顿时奇光异彩，灿烂明丽，正如那轮圆月落到了前厅的屋顶中央，那些轻舒广袖的女子，就像是刚刚从月宫飘然而至的仙人，把吕布看得如痴如醉，色眼圆睁，手持酒盏连连说：“好，妙极了！”

　　半天，在一阵突然爆发出的大笑之后又赞叹道：“吕某本以为太师府的歌舞伎乐冠盖京华，不料司徒大人府中也有如此天仙一般的佳丽，吕某真是眼界大开啊！哈哈……"

那笑声如同虎啸长鸣，掷地有声，笑得王府上下的人胆战心惊。

时间在歌舞与美酒之间悄然而逝，吕布整个人心思都沉浸在美人歌舞之中。突然，一声娇语呢喃伴随着一股兰麝之气拂面而来，那呢喃之声如莺啼婉转，似竹林滴雨，几乎可以看见声音的透明、光洁、饱满。吕布置身于声音中，仿佛置身于一阵劈头盖脸的水晶雨中，被惊得一佛出世、二佛升天。

只听见那山谷莺啼般的声音说："将军请用酒。"

于是，一樽在灯光下散发着古铜色光泽的酒樽，由一双白如象牙、软若柔荑的美人之手安排，从半空里飘来，停在吕布的耳杯上空，倾斜。于是，暗红色的、芳香甜美的液体如线一般从酒樽的嘴里飞出，在半空中画出一道红色弧线，注入耳杯，透明的红色水珠翻滚跳跃，活泼地溅出。

吕布惊讶地抬头仰望，进入他视野的是大如伞盖的圆月。圆月之中，一个纤巧的身影如柳临风，亭亭玉立。吕布再启眸端详那个在月光里飘忽流离的影子时，不由自主地惊呼了一声："美哉！仙女也。"

一失神，英雄之手失去了控制，轻轻地在空中毫无意义地一挥，酒杯像失恋的女人一般失魂落魄，倾倒。顿时，那暗红色的液体蹦蹦跳跳地倾泻而出，将照得出人影的食案染得鲜红，红色液体继续奔腾，形成一个小瀑布，飞流直下，溅在了吕布簇新的锦绣百花战袍上，刹那间湿了一片。

那个秋波流盼、樱口含贝、媚笑盈面的丽影已占据了英雄吕布的整个视野，他看得目瞪口呆，战袍湿了一大片也丝毫没有觉察到，只觉得中堂的音乐和美妙的歌舞正在远离自己而去，宛若大海里一朵浮萍一样，被海潮一推，消逝得无影无踪。

吕布完全进入了一个无声的、美妙的无人之境。这个无人之境由千奇百怪、耀眼夺目的光线交织组接而成，仿佛一个五彩缤纷的天堂。

吕布也曾见过美人无数，但若摆在这位佳人面前，实在不值一提。当那白藕一般细嫩的巧手挥动着芳香的手帕为他擦拭战袍上的酒液时，他才猛醒过来，说："不用，我自己……"

这时，王允的声音追过来，将吕布话中最后一个字打断了："英雄光临，我府顿生光辉。为表达对英雄的钦佩和敬意，特叫小女貂蝉为英雄敬酒……蝉儿，再上酒来。"

早有侍女之手将另一酒杯送出，貂蝉再次倒酒，那倒酒的姿态令吕布如痴如醉。只见她轻抬广袖，飘然生风，轻盈得出尘超凡，翩若惊鸿，婉若游龙。

那黑黝黝、油亮亮的云髻宛若轻烟密雾一般，倾向一侧，似坠非坠，巍巍颤颤得让人又爱又怜。云髻之上还插有一支随步摇动的金爵合欢玉簪头，与窈窕的细腰、凝脂般的皮肤相映生辉，真是绝伦的搭配呀！

面对如此迷人的女子，怎能不使吕布看得目瞪口呆，欲火上蹿。更让人销魂的是美人那一双蛾眉，似蹙非蹙，凝聚着无限情意；一双澄如秋水、流光四泻的秀眸，更把吕奉先的灵魂勾向了天外的温柔之乡。

吕布看得意乱情迷。貂蝉在吕布面前喊了三声："貂蝉给英雄敬酒……"

吕布这才如梦初醒，魂归躯壳，竟站起身来十分慌乱地接酒一饮而尽，并连声说："岂敢岂敢，多谢多谢！"

王允不失时机地又说："这是我膝下的小女，年方二十有一，只有贵客临门才敬酒。"

吕布又忙说："不敢当，多谢司徒大人。"

于是貂蝉又再次敬酒。有如此国色天香把盏，吕布觉得自己是酒仙再世。一杯，二杯，三杯……千杯不醉，而且觉得杯杯沁人心脾。

一朵红云从吕布的脸上浮出，绽开了满面的春色。这一切情景滴水不漏地落入王允眼中，王允朝着貂蝉递过去一个意味深长的眼神。貂蝉心领神会，放下酒盏，给吕布道了个安，便如风拂柳枝一般款款退至堂中央，吕布感觉到那芳香的温馨在离自己远去。

在那轮金黄的、伞盖般的圆月下面，罩住了一个美人倩影。貂蝉轻舒薄如蝉翼的广袖，曼声度曲，吕布只觉得一团艳丽、透明的影子在圆月中飘忽不定，变幻着各种美丽动人的情形，不禁又目眩神迷，心神俱醉起来。

正忘情观赏之间，忽听铿然一响，歌罢舞歇，貂蝉娇喘微微地转至吕布案前告辞。貂蝉移动的身影在灯光里久久不曾消失，吕布只觉得有无数貂蝉一个接一个朝自己走来，连成一片，那真是一片美妙绝伦的大海，她们连成一条艳丽无比的河流，流向自己。

貂蝉的回头一望，真是"回眸一笑百媚生"，这一笑从此凝固在吕布心里，一辈子挥不去抹不掉。貂蝉随风飘然而去，吕布目送归鸿，忘情至极，直至不见了美人，仍朝着美人去处痴痴呆望。

那轮圆月也贴到了黑漆漆的天空上，稀疏的几颗星星发出寂寞的光，满室的牡丹花香四处飘荡。

望了半晌，不见美人复出，吕布方才恋恋不舍地把目光收回，对王允说道："司徒大人好福气啊！"

过了半天，又怏怏地问："名花有主了吗？"吕布直爽地把话说了出来。

这一句话使王允产生一种类似魔幻之感，他仿佛看见那食案围成的有缺口的圆正在如手臂一般悄悄地爬行合拢，而这只猛虎正在里面肆意舒展，丝毫没意识到这是一个圈套。

他声音略微有些颤抖："小女年方二十有一，尚未许人。"

吕布还是没有从这话中闻到一丝阴谋的气息，这一句话，将他送上了欢乐的夜空，他一个劲地夸奖貂蝉，迎娶之意，溢于言表。

食案围成的有缺口的圆终于合拢了！

王允郑重其事地说："将军如不嫌鄙陋，允当使小女服侍中栉。"

"司徒公此话当真？"吕布闻言，如猛虎一般从座上跃起，抓住王允肥胖的手，惊喜过望问道，就连称呼也换了！

"淑女当配英雄，英雄莫如将军，岂不闻马中赤兔，人中吕布！"王允抚着浓密坚硬粗短的胡须，满怀深情地说。

吕布顿时受宠若惊，纳头就拜："果承司徒公见赐，恩德无量，誓当图报。岳丈大人，请受小婿一拜。"

王允在心中长舒一口气，抿嘴笑了，这种笑是发自内心的窃笑。王允把吕布扶上桌，说道："老夫已看出英雄对小女颇有爱意。老夫一直想为小女物色有德有才、文武俱佳的如意郎君，不意今日将军错爱有加。这是小女一辈子的荣幸，何必称谢！"

王允接着又把貂蝉叫出，对她说："将军是我的挚友，但坐无妨。"

貂蝉便坐在王允旁边，吕布目不转睛地盯着她，怎么也无法将目光移开。貂蝉也做出风情中人的姿态，眉来眼去，秋波频送，媚态百生，把吕布看得心急火燎。

王允又把刚才对吕布说的那一番话说给貂蝉听，貂蝉心里明白，却装出羞口难开的样子，一片红云顿时浮上脸际，目光里流出的火，将无限风情泄露得淋漓尽致。

王允又说了一些诸如"我一家将来全靠着将军"的话，吕布也连连谦让。又叙了一会儿衷肠，两人便把迎亲的日子定了，答应数日之后送貂蝉到吕布府邸完婚。

在这整个过程中，貂蝉秋波频送，把吕布撩得坐也不是站也不是。曲终席散，王允说："老夫本想留将军止宿，恐怕太师生疑。"

吕布再三拜谢，欢天喜地地告辞而去。

那时，天空的明月正圆得紧。吕布勒马，赤兔马一声长嘶，宛如一声叹息，腾空而起，风驰电掣，直向吕布家中奔去。

有谁明白赤兔马的心思！

柔情陷阱，迷惑董卓

大将军吕布万万没想到，义父董卓差使他前往郿坞督察豪宅工程的进度。他找了无数个理由要把这桩差使辞去，但其父董卓实在找不到更合适的人选，万般无奈，吕布只好骑着赤兔马，怏怏上路了。而他的一缕撕不断也放不下的情丝，依然挂在美女貂蝉身上。临行前，他特意派了管家前往王府告知司徒王允，说他要离京几天，很快就回来。

吕布此举是担心王允会在这几天反悔，不料却正中了王允的下怀，王允正发愁着没什么好办法把吕布这头猛虎调离董卓身边呢！

这一天清晨阳光灿烂，皇宫屋顶上的彩色琉璃瓦在阳光里闪闪发光，鸟儿贴着屋顶飞翔，司徒王允觉得自己的心也正贴着屋顶轻松自在地飞翔。

那天，一个肥胖粗壮高大的身体像一座山一般，朝着洛阳宫中移去。

当那山一般的身体终于横在了王允面前，王允倒地就拜，进而感觉到了董卓粗壮的鼻息像牛喘气一般向他压来。

王允强压住内心的恐怖不安，说道："太师，我想屈您的车骑大驾，到草舍去赴宴，不知您的意思如何？"

董卓先是稍稍一愣，他熊一般的眼睛掠过王允。王允只觉得心里的秘密正在从身体里一缕一缕冒出，他几乎有些哆嗦。

董卓的贼眼珠又转了两圈，王允几乎颤抖起来。这时，那个粗犷的声音十分豪放地在头顶炸响："司徒诚招，我董卓再忙，也要忙里偷闲到贵府聚一聚。"

那声音炸得王允有点发晕，只觉得日光扑棱棱地扑向了他的眼睛。

山一般的影子继续十分笨重地向前抖动而去，王允的双腿跪得发酸，虽然只是一会儿，他的两腿已经酸得哆嗦了。他直起身站起来，手心里的虚汗早汇成了小溪。

这晚的月出现了一个缺口，颜色依旧惨白，有暗红色的云缓缓地从它表面掠过，如一方红纱巾。

王允将自己的中堂又重新修饰了一番，比吕布来那次修饰得更豪华，内外都饰着帏幔，锦绣铺地，月光在银光浮动的锦绣上跳荡。

王允的心忐忑不安，一会儿是在地上，一会儿又荡到了天空。吕布有勇无谋，王允觉得自己的那点功夫还能蒙他。董卓老奸巨猾，王允知道这一次必是引狼入室，弄得不好偷鸡不成反蚀米，引火烧身，有满门遭斩的血光之灾，貂蝉最终也会成为一个牺牲品。

远处的车轮之声从小巷里传来。王允连忙弓着身子，急急出门去迎接。

董卓乘驾来到司徒府上，司徒王允的朝服的确比以往工整。

在王允的导引下，董卓进入王府中堂，早有如云美女恭立于中堂两侧。董卓用目光一个一个扫了一遍，觉得眉目倒还清秀端正，但没有哪个撩得起他的心思，便仰头傲然地进入王允中堂。

中堂布置得基本上算豪华奢侈，但和董卓府上相比只是草庐一间，于是也无所谓地直奔上宾席，也不谦让。王允偷眼看了一下董卓，没有从他黝黑的脸上找到任何满意的神情，也没有找到任何不满意的神情。

董卓落座后，面对满室芬芳扑鼻的海味山珍无动于衷。他的目光时左时右，偶尔也掠过天上那轮月亮，要不是他身躯肥胖如熊，给人的感觉更像是一只狐狸，一只狡猾、老谋深算的老狐狸。

饮宴开始，王允敬酒叙谈，但总有一种伴虎的感觉抓住了他的心。董卓似听非听，对王允的话，他时而回答，时而一言不发，爱理不理。

王允心中隐隐发虚，他提议道："据我所知，太师饮酒没有美女奉陪是不会尽兴的。寒舍虽然美女不多，倒也有几个颇具姿色，可登大雅之堂的美人，不知太师有无兴趣？"

董卓是有名的好色之徒，此话自然逗起了他心中的一块痒肉，但进门时见到的那几个女子，相貌平平，他只是微微地点了点头。

于是，那些曾使吕布怦然心动的美女从帏幔处缓缓移出。董卓看那群女子，个个如花似玉，娇美动人，但和自己府上那些美女相比，还是天上地下，不够档次。

王允试图再次从太师董卓脸上寻找满意的笑容，但董卓的脸依然似笑非笑，似怒非怒，找不到任何显示心理活动的线索。

王允心中顿时升起了一种失败的感觉，焦急之火燃烧起来，他竭力使自己平静，说道："太师盛德举世称赞，恐怕连古代的三皇五帝都及不上您。"

董卓的脸一下子被这句话激活了，热情像水波一样荡漾起来。

王允乘机捧起了觞，再次称贺道："我自幼爱习天文，夜观星象，觉得汉家气数已尽。太师的功德威震天下，这就好像舜传位给尧，禹继承了舜的王位一样，正好符合天意人心。"

董卓的心在空中一荡，定睛注视王允，从王允畏畏缩缩近乎卑怯的脸上，找不到一丝开玩笑的痕迹，于是，他心花怒放地说道："岂敢岂敢。"

王允看董卓的脸色已经有丝笑意，于是，又趁机阿谀奉承道："自古以来都是'有道的讨伐无道的，无德的让位有德的'，我说这些并不过分……"

董卓顿时像孩子一样乐不可支，一种狂妄的神情从心底里冒出。他开始放纵地哈哈大笑，说道："果真有那么一天，司徒王允应是元勋……"

王允连忙拜谢，他缩成一团的身影明显有些猥琐滑稽。

董卓脸上的肌肉终于全部活了，突然手一招，将那几个挥舞广袖的女子全招过来，说："你那几位妹子过来陪咱家痛饮几杯。"

王允唯唯让座，那帮美女们便风云聚集，一下子将董卓簇拥在中间。这一切都是王允事先安排好的，她们或者敬酒，或者夹菜，或者撒娇，或者调笑，把个董卓侍弄得浑身舒畅，飘飘欲仙。

就在这时，笙簧之声突然从帷幔之后奏起，那声音薄如蝉翼，随风飘起，此起彼伏，徐徐落下。董卓无比惊讶地看见天上那轮金黄的月，穿透了声音的薄纱，向自己缓缓移来。

那轮色影飘忽的圆月，散发着浓郁的麝香味儿，飘飘荡荡地奔向自己，亦真亦幻，奇妙非凡。

太师董卓目睹那轮艳丽无比的圆月走向自己时，只觉得一种由远而近的温暖也正在走向自己，他伸出手去，圆月离他还有一段距离，温暖却已清晰可感。

当那轮月儿真真正正立于董卓之侧时，董卓只觉得自己沐浴在了香风香雨之中。那月儿的幻影消失了，一个光彩照人、艳丽夺目的脸庞立在了他的上空，令他不敢仰视。

笙簧之声继续在中堂上空缭绕旋转，一个诱人的脸庞和一袭白衣也飘飘旋转起来。董卓看见那袭缥缈的白衣挥舞时，月光似水一般，被衣袖泼溅得到处都是。地上有无数金黄月光碎了，仿佛满地的铜钱在闪烁。

白衣旋转时，有歌声在旋转，贴着地朝董卓袭来，扇着翅从空中朝董卓笼罩而来。董卓仔细寻找那声音，听到的是：

今日良宴会，欢乐难具陈。

弹筝奋逸响，新声妙如神。

令德唱同言，识曲听其真。

董卓很快便坠入一片无限的春意之中，痴迷的神情跃然脸上。那声音继续唱道：

南斗工鼓瑟，北斗吹笙竽。

嫦娥垂明踏，织女奉瑛琚。

苍霞扬东讴，清风流西歈。

垂露成帏幄，奔星扶轮舆。

很快，太师董卓看到了自己在歌声中飞翔，那歌声扇着透明的羽翅扑向他，他也扇着透明的羽翼扑向歌声。突然，帷幔后檀板轻拍一声，美妙的歌声便展翅远去。董卓恋恋不舍地听着那歌声消逝，如同望着飞鸿远去，良久，董卓方才落回人间，落回他的食案前。

"好，真好，非常好！"一个粗壮如牛的声音称赞道。

董卓看见自己用粗黑肥胖的手拍了一下食案，食案上的碗碟汤菜受到震惊，跳跃了几下，方才惊魂未定地落回原处。

那袭白衣飘向自己，那光艳照人的脸庞停在了空中，一只玉笋般的手儿，捏成了莲花，喷吐着芳香。

太师董卓脸上本已鲜活的肉又僵住了，活生生地凝固在空中，眼睛怎么也无法从美人艳丽的脸上移开。

他清楚地听见了喉咙里发出一种仿佛小石子落入静湖的声音，知道那是口水被咽进喉咙里的声音。他偷眼瞟了瞟王允，却见王允脸上无动于衷，他的脸死人一般，对此三春美景视而不见。

"貂蝉，为太师敬酒。"司徒王允不容置疑地说。

于是，那艳丽的身影穿过董卓四周花瓣一般的美人，酒壶由那笋一般的玉手送来。董卓连忙用那空空荡荡的酒杯接住，一线亮光中，酒倾泻而出，将酒杯注满。于是，天上那轮月落入酒杯中，摇摇荡荡。

酒壶和玉手就要离去之时，董卓伸出宽大粗糙之手，一把将玉手擒住。玉手冰凉冰凉的，董卓只觉得一丝凉意透过皮肤渗入，直透心脾，神清气爽。

王允以目示意，围住董卓的美女们便一个一个下去。董卓也不管她们，目光依然凝固在那张美玉般的脸上。

"太师——"娇滴滴的声音宛若空谷啼莺。董卓已是目眩神迷，他手一拉，貂蝉便同他一起坐下。

"来来来，陪太师喝上一杯。"董卓说道，貂蝉不胜娇羞，只得落座，脸上绽开了一朵红云。

董卓忙里偷闲，侧目问王允："这个妹子青春几何？"

貂蝉接过话头，说："小女年方二十有一。"

董卓放声大笑，说道："不意府上竟有如此佳人，真是神仙中人啊！"

王允见问俯身答道："既蒙太师见赏，便当献上。"

董卓笑得更加欢畅，笑声如流水哗哗，王允几乎要被那笑声淹没。

"如此见惠，我怎么才能报答司徒的恩德呢？"

王允将话接住："此女得侍太师，那是她的福气啊！"

董卓喜笑颜开，酒阑席散之时，董卓拥娇而出，王允早已准备好毡车，董卓笑逐颜开地打道回府。

董卓抬眼望见了天上的月，一片恍惚，因为，他的身边，亦多了一轮明月，流光溢彩。

今晚的月亮真的好美！

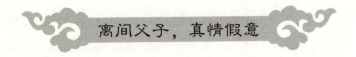

离间父子，真情假意

吕布真是烦透了！

吕布从王允的家里出来时，心境本是极愉悦的。在他朦胧的醉眼里，燕剪柳丝，桃李含笑，连溪头上嬉闹的公狗和母狗都充满了情趣。然而，一迈进他的家门，心境立时灰暗了。

吕夫人正斜躺在一张胡床上，在堂前一株芭蕉旁边晒太阳。她也许怕晒黑了皮肤，就用一方帕子蒙了脸。听到吕布的脚步声，她撤去了帕子。吕布的目光恰好射过来。一看她的模样儿——那蝌蚪似的小眼儿，葱头似的鼻子，心里就开始烦了。

"你怎么了？"吕夫人发现他的神色不太对。

"呃，没怎么……"他掩饰道。心里却直打鼓：这还叫"人"吗？分明是丑妖怪嘛！我吕布如何竟让个丑妖怪缠了这多年呢！

"见到王司徒了？"夫人问。

"见到了。"

吕布想：我乃世间第一美男，偏偏讨了这不堪入目的丑妖怪，也太不公平了！况且她又非孟光，而我何必做什么梁鸿，与她"举案齐眉"呢？

"在王司徒家饮酒了？"

"饮酒了。"

这种事总不便于在院子里谈，好吧，那就随我到屋里来吧。

进了屋，坐定，吕布吭吭哧哧了半晌，才说："夫人，呃，你看，我们成亲十多年了吧？至今唯有琬君一个孩儿。我，我这……"

不想夫人早已晓得他要讲些什么，夫人打断他的话头儿，说："不就是要纳个妾吗？我同意，我早就为你着急着呢！"

"你，你为我着急？"

"可不，我先为你选了一个，正要与你商议。"

"你，已经选了？她，是谁？"

"你看百合如何？"

"谁？百合？"

"不就是梳百合髻的那个婢子吗？我看你也很喜欢她，她也很奉承你，也不必偷偷摸摸，找个吉日办了便是。"

"哦！"吕布一时竟无说可说。心想：这妖怪婆娘绝非寻常女人。即便病病恹恹，却也是眼观六路耳听八方。而我与百合睡觉，也算不上"偷偷摸摸"呀？岂有此理！

他发现吕夫人的神情，像是发了很大善心，做了天大好事，伸着手向他领功请赏似的，心里越发烦，就说："我要与你说的，也是纳妾的事，却不是百合。"

"那是谁？"吕夫人怪笑着问，松弛而苍白的面皮哆嗦了一下。

吕布便把王允的意思说了。

"那太好了！"丁夫人很响地拍了下巴掌，面皮又哆嗦了一下。

"索性东厢房、西厢房都收拾出来，貂蝉、百合一边一个。"

吕布无话可说，事情就这么定了。

吕夫人撮合他与百合的事，如果早几天，无疑他会很感激的，但这事儿发生在王允答应送他貂蝉之后，就觉得吕夫人是雨后送伞，不值得他感激了。

这几天，吕夫人的精神头儿突然旺盛起来。一边吩咐贺老四刷墙挂帐子布置新房，一边亲自定做首饰，为百合张罗着量体裁衣，看上去她比百合的亲姐还要亲呢！但是吕布能隐隐地觉察出，将来吕夫人极可能会在貂蝉与百合之间，玩弄些小心眼儿，叫他伤脑筋。

但是她忙了不到三天，哮喘病又发作了，这一回比以往厉害，似乎是要撒手人寰的样子。他无可奈何，只能寻医问药。药草味儿熏得他昏头昏脑，他暂时也便没了心思琢磨貂蝉的事。结果，就在他请来的吉太医给吕夫人把脉开新药方子的那一天，董卓把貂蝉从王允的家里带走了。

那一天，吉太医把了脉，道是"上实下虚，在肺为实，在肾为虚。无他法，唯小剂守常调理，百日图功"。又开出熟地、山萸肉、龟甲、牛膝、茯苓等十几味药，然后他就陪了吉太医饮酒用饭。饭毕，天已黑下来。他把吉太医送出大门，看着辎车溶进夜色里，刚想转身回家，这工夫儿一骑马顺着大街飞来，在他面前停住。原来是中郎将李肃。李肃盯着他，很诧异地问："咦，奉先未随太师去王司徒府吗？"

吕布一愣："太师？太师何曾去王允处？"

"哎呀！王司徒送貂蝉于太师，香囊车刚刚拉走。奉先竟然不知？"

"这，这不会吧？"吕布讪笑道，心里却扑通响了一下。

李肃也笑道："我岂会骗你！方才我在太师府后门处，亲见太师牵了貂蝉手，从香囊车上将她抱将下来，一直抱进大门，说是图个吉利。太师精神焕发，春风满面，连须髯都喜得翘了起来。我当时还纳闷儿：如何今日无有吕将军护驾呢？"

吕布犹似当头挨了一棒。李肃还说了几句什么，他没听清，他想李肃是不会拿这种事与他开玩笑的，他们之间也从未开过玩笑；那么，王允怎么会将貂蝉又送予董卓了呢？岂不是"一女嫁二郎"

吗？怎么有这种荒唐事！

吕布又气又急，吩咐身边一位卫兵："与我牵马、取戟！"一路来到司徒府，只见一对对红灯挂在大门两旁，猩红的毡子铺在阶上，往里一直延伸过去，果然有一种喜庆气氛。吕布下了马，用戟朝把门的兵士一指，说道："去！叫王司徒出来，我与他有话要说！"

少顷，王允穿了家居的宽松衫子，衫领大敞着，由一名苍头扶了出来。见到吕布，做惊愣状："哦，原来是吕将军。老夫以为是谁呢！快请进！"就叫苍头去牵吕布的马。

吕布却冷笑道："且慢！"又一把抓住了王允的衣领，几乎将他提离地面，厉声喝问："你既以貂蝉许我为妾，转眼却又送与太师，是故意戏弄我吗？"

"啊啊，将军息怒！"王允艰难地伸出一只手，摆了摆，说道，"此非说话处，还是来家坐吧。"

吕布气呼呼随王允来到后堂。吕布愈觉气愤，就说："司徒为何将貂蝉又送与太师？今日总要与我有个分解！"

"唉，将军有所不知。"王允说，"只因太师在朝堂中，忽对老夫说：'听闻你家牡丹开得正艳，意欲前往观赏，可否？'试想老夫能拒绝吗？老夫只能表示欢迎。老夫陪他看了花园，看看天将晌午，自然须备办酒饭。谁想饮酒中间，太师忽说：'又闻你有一女，名唤貂蝉，已许我儿奉先，可有此事？'我说'确有此事'！'如此，且叫貂蝉出来一看，合意与否。'老夫便想：太师乃将军义父，对将军关心，要看看貂蝉合意与否，这也是合乎情理的呢。

老夫遂引貂蝉出见，太师看了几眼，极是中意，说：'今日即是吉辰，咱家顺便将貂蝉领回，即配于奉先！'老夫虽觉急促些，但太师令出，也不便违忤。遂急急为貂蝉装扮，却来不及置办妆奁，就用香囊车载了她，随同太师去了……"

"哦，原来如此。"

吕布听后非常惭愧，忙顿首谢罪，口称"岳父"，说："岳父大人在上，请恕小婿听风便是雨，误以为大人爽约，将貂蝉又送与太师了呢？"

"如何会有这等误会！太师与将军乃父子，他岂会强纳子之妾为妾？笑话！"

吕布羞得无地自容，再次谢罪，遂告辞。

吕布骑上赤兔马时，听得王允又说了句："待归宁（即已嫁女子返回娘家探亲）之日，贤婿与貂蝉再来吃酒吧！"

吕布打马回府，早有管家贺老四在大门口迎接。贺老四惶惶地问："听说出甚事故了？"

吕布叱他道："出甚事故？东厢收拾好了吧？新人明日便要进门了呢！"

这一夜吕布睡得很不好，或者说几乎就没有睡着。这倒不是因为吕夫人的咳嗽——对她的咳嗽他是早就习惯了；再说如今分屋睡，吕夫人咳或不咳对他毫无影响，他睡不好还是惦记着貂蝉。

尽管王允说得明白，是董卓替他将貂蝉带回来了。既带回来了，今宵安顿于何处？何不直接送于我家呢？莫非董卓明日要在太师府亲自为他举行个仪礼，请一些客人到场，办得风风光光吗？但愿如此！

可他还是有些忐忑，他觉着娶亲这种事儿似乎用不着义父替他来做，尤其是想起李肃所说的"太师将貂蝉从香囊车上抱下来，一直抱进大门"，就更觉着怪哉。唉，但愿不会出什么事故！

躺在床上，他细细回忆着那天在王允家里见到貂蝉的情景，于是幽暗的帐子里到处闪动着貂蝉的美眸、笑靥，还有大红里衣里若隐若现的丰乳，枕边也悄然飘荡了貂蝉身上散发出的馥郁香气。这位三十余岁精力强盛的美男第一回尝受了"相思"的滋味儿，他像热锅里的鱼那样翻腾着……

好歹熬到天亮，吕布未及盥洗，便去太师府打探貂蝉的消息。一进大门，便问门上人："可见太师带一女子回来吗？"门上人答："太师走的是后门。"继续往里走，边走边打听，下人们却都不甚清楚。来到中阁（即中门，即前院和后院相通的门），再往里走便是"内苴"（即董卓及其姬妾们住的内宅）了。吕布停下了脚步。通常这个门是由他带着"常从士"们来守卫的，除了他吕奉先，别的将领或文官一概越不过这道"雷池"。他问值岗的那个"常从士"："昨日可见太师从外面带一女子过来吗？"

那人说："见过，不就是从王司徒家带来的吗？就在里院儿。"

哦，果然在此！也不知何故，他的心里咯噔了一下。

吕布便进了里院，见几个董卓的姬妾，正在草地上拿米喂孔雀，就问她们："太师起床没有？"

姬妾们说："夜来太师与新人共寝，至今浓睡未醒呢。"

"新人？"吕布胸间咚的一声，一颗心蹦到了嗓子眼儿，又忐忑地问，"可知新人是谁吗？"

　　"名儿挺怪，叫什么蝉的吧？"

　　"貂——貂蝉？"

　　"不错，就是貂蝉。"

　　轰然一声巨响，吕布眼前火花迸射，那几只孔雀被他的火花灼烧了羽毛，嘎嘎叫着逃走了。

　　坏了！坏了！最怕发生的事故，还是发生了！

　　这就是"义父"啊！

　　是义父，却也好色，见了女人如蚊子见了血、猫见了鼠。你无法想象他对女人的贪婪和残忍，吕布可是见过的。

　　太阳都一丈高了，他还未起床，他也许已经醒了，又抖擞精神继续昨夜的摧残！他是多么的凶狠啊！只有最了解董卓的人，才晓得杀人时和玩女人时的董卓才是真正的董卓。无可奈何，吕布只能心如火焚地等待着董卓和貂蝉起床。

　　好歹等到日上屋脊，窗子终于打开了，纱帘也被风吹开了。吕布便看到有个人影儿站于窗下，脸被乌亮亮瀑布似的头发遮着，但裸露了雪白的肩和一只手臂。哦，这便是貂蝉。她在用梳子一下一下地梳理头发。她的身子偏转了一下，于是就看到了肩上有紫红的一片，是什么？很可能是董卓夜来噬咬她留下的伤痕，这老色鬼玩疯了时真是能吃人呢！

　　吕布心里隐隐作痛，一晃眼的工夫儿，貂蝉把瀑布似的乌发甩到脑后去了，明月似的脸盘儿便显露了出来。"啊呀！"他失声一叹。经过了一夜的风吹雨打,花朵仍是这般的鲜艳。这花朵本该是他吕布的,却被"义父"硬采了去,哪有这样的"义父"呀!

为了能更清楚地看到貂蝉,吕布悄然往后窗移动。窗外是一水池,池畔有柳树、迎春花和叠石。他转过叠石时视线被挡住,但在如镜的水中却清晰地看到了貂蝉的倒影儿。貂蝉似在用巾帕擦拭眼角,一面擦,肩头随着一耸一耸,分明是在抽泣。吕布晓得这一池水全都是貂蝉的眼泪,这可怜的人儿!

吕布转出叠石,距窗已极近。倘若他的手臂再长一些,就可以捱到她的头发了。而这时候,貂蝉已从水池里看到了他的身影,她便微吃一惊,停止了梳理,瞪大了眼,下意识地捂住嘴。然后,她的目光水淋淋地从池子收起来,再水淋淋地洒到了吕布的身上。"嗙"的一声,她的目光在吕布身上溅起了明珠似的水花儿。

吕布大了胆,想喊一声"貂蝉",却忽听得貂蝉身后幽深处传来一声咳嗽,吓得他把喊声又憋回肚里去了,他也赶忙躲到了叠石后面。

少顷,有笨重迟缓的脚步声由远而近,到窗边停住。

"外面光景如何?"董卓的声音。

"好看。"貂蝉答。

"咦?你的眼为何红湿?"

"是吗?刚才有灰沙刮进眼里……"

"来,我给你吹出来。"

"不要紧,已经揉出来了。"

"那就不要在窗下了,到里边来吧。"

"砰"的一声，窗子关上了……

　　吕布怅怅地转回到中阁，在他通常小憩、更衣的一间小房子里默坐了一会儿，又自己宽慰自己：或许义父只是图个"新鲜"，暂赏玩一宵，今日便会将貂蝉交还于他的。义父这样做，虽也令人尴尬，但想想他好色的禀性，唉，也只好原谅他吧。正想到这儿，忽有个常从士过来，说"太师召见"，他便怀着希望前往中堂。

　　到了中堂，请了安，侍立于侧，等着董卓说话。董卓偏先不提貂蝉的事，而是严肃了面目，谈了几件军队的事情。谈完了军事，董卓打量着他，忽然意味深长地一笑。他心想这会儿该谈貂蝉了？不料董卓谈的却是"万岁坞"的事——"有几处'练功'的房子，还应该再收拾一下，趁着这几日咱家在京城，倒也是个空儿，你可与李催快快去办。"他只好唯唯应命。谈完了"万岁坞"，董卓却闭目养起神来，不过稍顷就又睁开眼，打量他。他心想这会儿一定要谈貂蝉了吧！然而，大出意料，董卓不但不谈貂蝉，且好像很烦，很疑忌似的问他："奉先，你还有事吗？"

　　吕布当然有事，这事憋得他要命呢！然而，这个身躯伟岸、武功盖世的英雄，偏在这火候儿上，畏畏缩缩、吞吞吐吐地说："无、无事……"

　　"既然无事，且退下吧。"

　　吕布施"肃拜礼"，躬身退出中堂，这才如梦初醒：天啊！这老色鬼，他不会归还貂蝉了！他恬不知耻地霸占了别人的妾，却不做任何解释，也没有半句安慰的话，那么心安理得！唉！这就是董卓！

　　"我该如何是好呢？"吕布呆立于阳光下，问自己的影子。

第四章

吕布发怒，方天画戟为貂蝉

　　貂蝉迷惑了吕布，从此，吕布与董卓
互相猜忌。这是一场父与子对美人的争夺，
也是一个时代欲望的突显。吕布发怒了，
他为了貂蝉，为了他的爱情，与董卓反目
成仇，他是为自己，也是为貂蝉。

吕布怒了，心如刀割

后花园中，阳光灿烂，风正在无情地敲打树叶，蝴蝶与蜜蜂在阳光里飞来飞去，骚动而温暖。一池的绿水，映着纯蓝的天，像有了生命似的，抖来抖去。

"哎——"长长的一声叹息，掠过水面传来，吕布抬头望去，但见红屋顶的凤仪亭下，一名端庄的女子正仰头长吁短叹。吕布心中不禁狂喜：那不正是他梦里寻她千百度的心上人貂蝉吗？

吕布不顾一切，跳过那曲曲折折的小桥，跃到亭上，将柔若无骨的貂蝉紧紧拥入怀中。

貂蝉对突如其来的拥抱先是一惊，当她发现来人竟是吕布时，便忘情地张开双臂，但又很快地将手缩回。

"貂蝉，你让我找得好苦！"吕布激动地说。

貂蝉却将身子扭开，两眼垂泪道："将军休污贵手。"

吕布大惊："貂蝉何出此言？"

貂蝉泪如泉涌，"将军难道还蒙在鼓里，妾身早已被太师霸占了……"

吕布假作不知，问道："果真有此事？"

貂蝉早已泪如泉涌："那天太师对义父说先将妾接到府上，等将军回来再完婚。谁知一回到府中，就变了卦，当夜闯到贱妾房中……贱妾已被他污辱，有何面目再见将军，不如一死了之……"

貂蝉说着，就要纵身跃入绿水盈盈的湖中。

吕布连忙伸出双手，抱住貂蝉纤细如柳的腰身，说道："我知道你是被人所迫，我不怪你，我死也要纳你为妾。董卓老贼，青天白日下竟然做出如此不仁不义的事来……"

吕布手中的画戟愤怒了，他两眼涨得通红。

貂蝉看上去大受感动，十分坚决地说道："贱妾生为将军人，死为将军鬼，只望见将军一面，死而无憾。今幸如妾愿，将军还是让我去吧！"

吕布把画戟往亭子的柱子上一靠，将貂蝉搂得更紧，贴面近身，情意缠绵，对天发誓道："我吕布不从董卓手中夺回貂蝉，誓不为人！"

阳光一束一束地从天空中射下来，将英雄美人团团淹没。花丛中，蜂蝶乱飞，闹出一派春意，荡漾的湖水，传递着春日的无限骚动。

吕布、貂蝉两个卿卿我我，开始了他们爱情的第一篇章。爱情像风一般从两人的心灵深处掠过，顿时涟漪无限。吕布的英雄之手抚摸着貂蝉的柔情蜜意，貂蝉两颊绯红，倒在了吕布怀中。

"呀——"一声惊天动地的吼叫，将这春日的美景撕裂，吕布抬眼一看，只见董卓气势汹汹地朝他奔来。

原来董卓正在与天子谈话，忽然感觉到身后空空荡荡，回头一看，吕布不在身边。又问身旁的卫士，卫士说吕布"奉太师钧令，回去取物"，早晨的一幕便浮现在董卓眼前，董卓敏感地嗅到了大事不好，便匆匆忙忙将话题结束，急急地往家赶。

回到府中时，他首先直奔卧室，一看貂蝉不在，便跑到后花园中，果然见吕布、貂蝉相依相偎，便抑制不住胸中的怒火，大喝一声。

吕布见董卓气势汹汹扑将过来，忙撇下貂蝉，撒腿就跑。董卓跑到亭边，吕布已蹿到池塘边上了，董卓一急，便拿过凤仪亭柱子上靠着的方天画戟，大叫大嚷，紧追吕布不舍。

吕布手快脚快，身轻如燕，奔跑如飞。董卓身宽体胖，虽然力大如牛，行动终是迟缓，纵是急火烧心，却怎么也追赶不上。看着吕布越跑越远，眼看是追不上了，董卓便将方天画戟狠狠地砸了过去。

那方天画戟在阳光下画了一道闪光的弧线，带着"呼呼"的风声，向吕布追来。吕布感到脑后一股杀气骤然而至，身子一偏，方天画戟擦肩而过，斜插在了泥地里。

吕布惊出了一身冷汗，加快步伐，在假山间三绕两绕，便轻烟一般消失了。

董卓气喘如牛，又把肥胖的身体折回，挪向在凤仪亭中啜泣的貂蝉，拿貂蝉问罪："你辜负了咱家的一片厚爱，怎么与吕布那厮偷情幽会？"

不等董卓把话说完，貂蝉抢先说道："太师错怪了贱妾。贱妾从许与太师那天起，就发誓要用毕生柔情来服侍太师，怎敢与他人偷情，太师冤枉贱妾了。"

董卓依然怒气不减："这是咱家亲眼所见，你还想抵赖不成。"

貂蝉又是一番哭泣，说道："贱妾在此赏花，不料吕布那贼突然闯入，一把搂住妾身，就要非礼，若不是太师及时赶来，贱妾定为其所污……"

貂蝉说着又站起身，凄凉地说："太师若是不信，贱妾愿以身投湖，以明心迹……"

董卓这才定下心来，又爱又怜地将貂蝉抱住："蝉儿，咱家怎能不信你呢。只是吕布那厮色胆包天，日后不准他再进后花园一步。"

"先生找咱家何事？"董卓十分客气地说。貂蝉美艳的目光瞟了过来，谋士李儒顿时浑身一节一节地酥软了。

"我想和太师单独面谈。"谋士李儒竭力避开貂蝉使人意乱情迷的目光，拱手说道。他的声音倒是充满正气，有一种阳刚之气。董卓转眼看了一眼貂蝉，又把目光投向李儒缓缓地说了句："这里没有外人，先生但说无妨。"

李儒已经感觉到了貂蝉目光压在他肩上的沉重，他使劲要摆脱那种被人窥破了内心的负重感，但无济于事。

"此事涉及国家机密，夫人回避为好。"谋士李儒最终还是鼓足了勇气说。

"爱妾你先到后花园看花去……"董卓的手无比爱怜地落在貂蝉的肩膀上，又温柔地拂了拂貂蝉那娇美的脸。貂蝉十分柔顺地点头告辞，她穿着孔雀绿的绸衣，轻舒广袖，董卓便看见一只开屏的孔雀迎着阳光展翅飞去。

谋士李儒十分舒缓地长舒一口气，美女貂蝉的离去撤去了他心

109

中一道美丽的屏障，那是一道任何人都无法拒绝的诱惑，足以让人如飞蛾扑火般奋不顾身。董卓看见谋士李儒的双腿突然好似被谁抽去了膝盖骨，一下子屈落着地，他本来不高的身体，立刻矮去大半截，两滴非常奇怪的眼泪从李儒眼中滚落，他的号叫如丧考妣：

"太师请为将来着想……"

"……春秋时，楚庄王一次夜宴群臣。烛灭了，一人乘机牵扯王后衣服，王后把他的帽缨揪下来，请求追查，但是豁达大度的楚庄王却故意不追究此人。后来，在一次关系楚国生存死亡的战争中，此人勇猛异常，扭转了楚国战局。现在貂蝉不过是个凡女子，而吕布却是太师的心腹猛将。太师如果就此机会把貂蝉赐给吕布，吕布一定会感谢太师的无量恩德，用死来报效太师……"李儒动情地讲着故事。

黄昏时分，天边燃起了一阵大火，一个雪白耀目的球刹那间失去了光亮，跌入了这片大火中，变得血红晶莹，大火像红球的两只血红的翅膀，"呼呼"地两边伸展。不久，整个西方的天空都被大火烧得似铁板一般通红，整个天空犹如一片诱人的玛瑙，但不烫手。

美女貂蝉坐在窗前眺望，她的长发瀑布一般泻下，在光滑圆润的肩上流淌。她纤细的腰身被窗外的红色镶上了一圈金边，绰约动人。

几度夕阳红。

董卓痴迷地仰望着这一精美绝伦的倩影，心像初恋的少男一般跳跃。他恨不能将那令人战栗的美永远凝固在时间里，不被岁月之手洗去，不让光阴之河卷走。

谋士李儒的话却不合时宜地在此时响起，像一只讨厌的苍蝇，绕着他肥胖的头颅旋转翻飞。

董卓使劲地摇晃脑袋，试图将那死去了一千年的楚庄王从脑中甩去。貂蝉夹杂着麝香的体香此时随着晚风拂面而来，撩得他意动神摇，风不动心不止。然而，李儒从历史的垃圾堆里捡来的故事，却像蚂蚁一样追逐着他，令他心烦意乱。万般无奈，他徐徐地送出了一个音："咳——"

这个苍老的声音将貂蝉从绝美的晚景之中惊醒。她回过头，惊讶地发现董卓的脸上史无前例地爬满了忧愁的皱纹，几缕银丝在艳红的晚风里飘起，让人感到一种莫名的忧愁与哀伤。

这是老去的节奏。

董卓老矣，尚能饭否？

貂蝉凝望着他，站起来，窗外的那轮夕阳便罩住了美女和英雄。他们不约而同地朝着鲜红的夕阳奔去，在红红的夕阳中心紧紧拥抱。一行雁群很合时宜地列队走进这夕阳，造就了这千古一瞬的风景，远山的古寺此时有钟声响起，悠扬地在天空中飘荡。

"太师，为何而叹息？"貂蝉无比温存地偎在董卓怀中。

"有你在身旁，咱家还能有什么放心不下？"董卓垂手握住貂蝉小手。貂蝉之手凉若寒冰，董卓握住貂蝉的手宛若握住了一块冰，他复又叹息道："若有朝一日，你离开了我，恐怕我再难找到……"

董卓的话音尚未停止，貂蝉之手便提前到达董卓的嘴边，她用一根手指堵住董卓的嘴巴，道："太师何出此言？貂蝉侍奉大人生死不渝，难道大人厌倦了贱妾不成？"

貂蝉说着，顿时泪光闪闪，喘息微微，像一只小鹿一样在董卓的怀里微微地抖动着。

董卓面对貂蝉滴落的泪水，几乎六神无主，他已感觉到自己的心在颤抖。

他喘着粗气说："我怎么会有厌倦之意，疼爱尚且不够呢！"

貂蝉伤心的泪在夕阳里泛着橘红色的光芒，董卓觉得自己被那橘红色的泪淹没了，窒息了，他在潜意识里奋力挥舞双臂，试图浮出海面。

然而，李儒之手却在冥冥中伸了过来，攥住了他的心，使他狠下心肠。他像黑色旋风一样旋转过身，貂蝉便被置于黑色的旋风之外，她的啜泣渐去渐远，她的身影也遥远如夕阳。

那一个一个从他口中飘出的字，都非来自他的内心，但还是从牙缝儿里挤了出来："有一件事，我早想告诉你，只是实在不忍心开口，如今已是非说不可了……"

短暂的停顿，费力的延续。

"貂蝉，你在我身边的日子不多了，等我儿吕布一回来，咱家就要为你俩主婚成亲……"

这时，董卓听见一个冷艳的声音在头上飘浮。

"董卓，我貂蝉原本以为你是叱咤风云、顶天立地的英雄，不想你竟是一个连妻妾都不能保护的懦夫！我真是不幸啊！难道我貂蝉只是一个玩物？实话告诉大人，自从进了太师府，贱妾就没有活下去的念头了……"

长剑被玉手把捏住时显得无比欢欣，它很爽快地从剑鞘里飞出来，在夕阳里闪烁红光。然而，另一只长满绒毛的手却改变了它的运行轨道。那只大手将它从美人手里抽出，又狠命一甩，它迫不得已地在空中飞行，画出一道鲜红的弧线之后，然后悄然落地。貂蝉心领神会地听见长剑发出一声沉重的叹息。她无比依恋地再次扑向长剑时，那只大手将她的细腰环住，紧紧箍住了她，也箍住了一不小心就要烟消云散的美艳生命。

"我只是开玩笑，你怎么就当真了？"董卓的话挽留住了那个美艳绝伦的生命。那个生命紧紧地缩进了他的怀中，哭泣之声使黑夜匆匆降临。

"海可枯，石可烂，咱家对爱妾之情永不变，绝不容他人对爱妾生一丝妄想……"

董卓此时的表演有如跳梁小丑，他又用天一放晴就携她前往郿坞散心游玩的拙劣把戏哄骗貂蝉。可是任凭董卓说得天花乱坠，貂蝉就是不露笑脸。他一急，又发誓道：若是有三心二意，就马上跳进荷花池变成癞蛤蟆。

貂蝉冷眼看着这出乏味无聊的丑剧，在心里发出一阵阵冷笑。地上的长剑此时在变暗的地上发出凛冽的寒光，它对董卓全无男人气概的言论不屑一顾。

董卓又鼓嘴瞪眼，装作一只大蛤蟆。这俗人的把戏只能吸引那些和他一样庸俗的女子，貂蝉烦闷至极，扭头眺望天空。

浩瀚的天空依旧星光灿烂。

董卓被除，情系吕布

竹影晃动，月光被那冰凉的水捣碎，化作碎银在水面散开晃动。风贴着水面拂掠而过，歌声也贴着水面拂掠而过；穿过光影摇曳的竹林，直入太师的卧室之中……

董卓大汗淋淋地从噩梦中惊醒。来自郊外的歌声，十分清晰地吹入耳，貂蝉恐惧地用玉手紧紧搂住董卓。

那是一群孩子在孤独地歌唱：千里草，何青青，十日卜，不得生。

董卓静静地听着，他敏感的脑袋，竟然没有体味出这些孩童吟唱的歌词深意。"千里草"拼成一个字不就是"董"吗？"十日卜"合在一起，就是"卓"，歌曲的意思是"董卓不得生了，完了"。

董卓迷迷糊糊、断断续续地听到一些歌词，歌词中左一个"董逃"，右一个"董逃"，正好和他的小名"董桃"谐音，使他心情烦躁，无法入睡。他想这必是汉家的那些遗老遗少们杜撰出来诽谤他的儿歌，教给无知顽童，风信子似的四处流传。明日继承王位后，他一定要狠狠地治一治这帮不听使唤的老家伙。

他想着想着，搂着貂蝉沉沉睡去。

这是公元192年四月的一个清晨，夏天已徘徊到门槛边了。天气燥热异常，蝉儿早早地将嘈杂之声混杂在花香里，光景不同寻常。

董卓睁开眼时，天已大亮，蝉的聒噪之声在他周身飞翔，南山在黎明的阳光里蓝得发亮，如同刚刚洗刷过一样。

董卓在房中大喊一声："董乙，快唤人进来更衣。"

声音穿透了墙壁，董乙就对帘外侍候的穿衣仆役喝道："快进屋去，服侍老爷更衣。"

一只细嫩如玉的手将帘子掀开，袍、冠、靴、绥带、佩剑在纤纤之手的把持下鱼贯而入。

几个云一般飘柔的女子服侍董卓穿上内衣之后，按照穿衣秩序，应该是穿软甲了，捧甲的女子像鱼一样优美地游移过来。

董卓额上爬着一层细细的汗，他一挥手，表示天气太热，可以不穿，捧软甲的女子便鱼一般地游走。

熊旗、豹旗、虎旗、华旗……

刀、枪、剑、戟、斧、钺、钩、叉……

长安市民们终于又迎来了久未见到的盛大场面了，他们掩饰不住心中的激动心情，不停地欢呼、跳跃，迎候着仪式的开始。

伴随着那五彩缤纷的仪仗队而来的，是清脆悦耳的鼓乐之声，在九街上空鸽子一般飞翔。

董卓头戴九旒冕，身着朝服，在他的仪仗队簇拥下，风光无限地出现在阳光里。尽管他被层甲和朝服包裹着，在家中等候喜讯的貂蝉依然闻到了呼之欲出的浓浓的死亡气息。

董卓感受着九旒冕的重量，几个时辰之后，这个标志一人之下万人之上的九旒冕将成为历史，一项更为沉重、更为气派的辉煌的皇冠将压在他的头上，这将是何等的荣耀而且是流传千古的功业。

董卓不禁想入非非。

突然，一个身穿青色道袍，头系白巾的道人出现在马路中央，手执一根细细长长的竹竿，一条一丈左右长的白布在风中旗帜一般飘扬。他背对着董卓，一动不动，仿佛是从地上长出来的。

董卓细看那在风中飘飘翻飞的白布，白布两边各写了一个大小不一的"口"字。

董卓此时被招之即来的胜利果实冲得昏了头，他一点没有体会到道人的深意。道人白布上的两个"口"字组合在一起成为"吕"，那块白布指的是"布"，道人之意是"吕布"将会在未来的某个时刻置董卓于死地。

董卓丝毫没有体味出道人的哑谜，他问身边随行的李肃："这个道人什么意思？"

李肃被那差点坏他好事的道士气得直冒火，他对董卓说："那不过是个疯子。"然后，回头又招呼将士："去把那个挡道的牛鼻子老道赶走。"

他的话音未落，道人自己往人堆中一扎，头也不回，被夹道围观的人海淹没了。

就在道人离去的那一瞬，一个熟悉的人影在董卓眼前拂掠而过，他感觉那个道人似曾相识，却实在想不出他是谁了。

道人将那繁华的喧闹都抛弃了，拐进一条冷僻的小巷。

他仰起头，头顶的天空很狭窄。

道人将那竹竿和白布往空中一扔，竹竿砰然落地，白布却在风里飘飘悠悠。

道人将身子转过，展现给人们的是一张酷似董卓谋臣李儒的脸庞。

道人长叹一声，穿过悠长的小巷，径直向江边走去，登上了一叶扁舟，消失在烟波浩渺的大河尽头。

北掖门前，董卓的飞熊军、随行的侍卫被人挡在了外边，董卓入宫发现的事实就是这样，可他已经察觉得太晚了。

宫中两边群臣毕恭毕敬地立于两侧，神情肃然，如丧考妣。

李肃下车，手执宝剑，扶着董卓乘坐的皂盖车向前行走。

董卓几天来第一次感到了恐惧，他感到脑后凉风飕飕，空空荡荡，没有一丝安全感。

王允等公卿大臣手执宝剑的形象，像雕塑一般在阳光下浮出。

董卓大惊，猛回过头，惊恐地发现，他的身后，没有一辆随行的车，也没有一个随行的人。上午的阳光在宫殿的白玉石地板上发出叮咚作响的声音，跳荡个不停。

冷笑像水波一样从王允等人的脸上拂掠而过。

董卓惊问李肃："他们提剑干什么？"

李肃一改往日神情，一声不吭，突然推着车向前飞跑起来。

董卓在他的一生之中，第一次体验到了什么是恐惧。世界在这一瞬间无声无息，寂静得宛若凝固在半空中的水滴。他感到仿佛自己在一片寂静的黑暗中穿行，黑暗之中一把无形的剑向胸口逼来，要把人剜心剖肚却迟迟不肯下手。

王允一声大喝终于使寂静的水滴砰然落地，四散溅开。

"反贼在此，武士何在？"

这话如石击水，一时间，柱子后、石头上、大鼎旁、侧门里……有武士如韭菜一般丛生，他们从每一个可能出现的地方冒了出来，举着雪亮的刀，呼喊着，号叫着，挥舞着……向董卓冲来。

面对如洪水一般涌来的武士，董卓感到某种眩晕。三十年前在西羌举刀弄棒，指挥十万儿郎杀敌的场面再次重现。他不再恐惧了，反而有些激动，他甚至想挥鞭对他们说一声："冲——啊——"

他似乎没有觉察到这些人是冲着自己来的，他感受到的是一种冲锋陷阵的悲壮。

刀、枪、剑、戟……十八般兵器贪婪地扑向董卓，在他的身上啃、刺、戳、切、咬……

董卓像一块肥肉一般被那些兵器从车上挑了下来，他用手胡乱招架着。

董卓满地打滚，李肃在他身上横劈猛砍的宝剑只伤了他的胳膊。猩红的血从朝服上渗了出来，董卓声嘶力竭地大呼道："吾儿奉先何在？"

喊声未停，一个冷酷的声音在他头上响起，正是吕布。他手一晃，一沓黄色的诏书垂落，上面的字龙飞凤舞，吕布大喝道："有诏讨贼！"

于是董卓听见了生命正在他体内撕裂的声音，他反而镇定下来，在地上躺着不动了，任那刀剑戟槊乱扎，圆睁怒目，骂道："吕布、李肃，你们这些庸狗，我居然没有把你们看透……"

吕布丝毫没有理会，将那方天画戟明晃晃地往空中一挥，方天画戟优美地在空中画了一道弧线，高高飞起，又准确地落下，像鹤嘴一般，正好啄中了董卓的咽喉。

董卓只觉得一团热雾冲进自己的头颅，他睁开眼睛与耀目的阳光对视，惊讶地发现，太阳的热力正在迅速散失，冰冷如月，一个飘忽的色彩，灰蒙蒙地从日头表面擦过……

刹那间，他看见了八百里郿坞绵延而来，看见他一生中宠幸过的美女浮云一般在天空中飘浮，看见他一生中害过的人此时都化作恶鬼，掐他的咽喉、咬他的胸口、挖他的心，向他索债来了……

貂蝉的影子在这一片乱纷纷中出现，她粲然一艳笑，便徐徐转身，飘忽而去。

他伸出手想去挽留住她，却怎么也抵抗不住生命之灯的熄灭，抵抗不住黑暗的降临。

他甚至感觉到一把冰凉刀刃舔了一下他的脖子，听到"咔嚓"一声，那把刀使他的头刹那间脱离身体，热血喷涌而出。

李肃用刀把董卓的头颅割了下来。

李肃将董卓的头高高举起，吕布展读诏书，英气逼人，他的声音充满了威慑力："奉诏讨贼臣董卓，其余不问！"

董卓的飞熊军和随从见大势已去，不可挽回，纷纷倒地磕头。那些深受董卓之害的朝臣都觉大快人心，扬眉吐气，高呼着："万岁，万万岁——"

容光焕发的少年天子，在群臣的簇拥下，潇洒而出。他少年老成的目光横扫四野，一切在阳光里都重新焕发出了光彩，获得了生机。少年天子生气勃勃，光彩照人。他的臣民在他的目光抚慰下，感动得热泪盈眶。

董卓的尸首，被愤怒的将士们抬起抛到十字街头，人们怒火冲天地踩他、唾他、踢他、用石头砸他……

一天早晨，王允正和文武群臣在府中议事，有人来禀报："有一大臣在董卓尸体旁偷偷哭泣。"

"嗯？"王允听了就生气，"自从处死老贼，举国欢庆，此人胆敢去哭尸，定是董卓死党，立即把他绑来见我！"工夫不大，就把这人绑来了。王允和众文武官员一看，都愣了：此人正是朝中侍中大夫蔡邕。蔡邕是位内朝官，在天子身边做事，地位很高贵，此时，他正在撰写《汉史》。蔡邕不但才华横溢，而且还是一个大孝子。王允一看是蔡邕，气得拍案大叫："大胆蔡邕！逆贼董卓伏诛，国人无不拍手称快。你身为侍中，居然为董卓哭尸，究竟为了什么？"蔡邕立即跪倒，说："司徒息怒，我蔡邕不才，但粗明大义。我知道逆贼董卓之死，是罪有应得。可是，董卓待我有知遇之恩。所以，我想起昔日之事，不觉为之掉泪。现在我知罪，大人怎么责罚我都领受，甚至黥面刖足，毫无怨言。"

"只求大人留我一命，我好续写《汉史》。"蔡邕这几句话说得在场的众文武都很感动，纷纷为他说情。

王允不听："不行！当初汉武帝不杀司马迁，留其作史，结果他把满朝文武大臣都写了，诽谤朝廷，使谤书留于后世。为国贼哭尸，罪不宽恕。"

扭头命令校尉："将蔡邕下狱，缢死！"

到狱里就把蔡邕给勒死了，这可伤了群臣，大家都感到王允太狠毒，不由得纷纷摇头叹息。

司徒王允又接连发出几道政令，其中一条是委派吕布前往太师府抄家，另一条是派皇甫嵩前往郿坞捕捉董卓余党。

貂蝉在一片哄闹声中看见董卓的家奴正在收拾细软物件往四处奔逃，董宅已经乱成了一锅粥，哄闹声飞过屋檐，冲向街头。她感到世界顿时一片灰暗，一种压抑和悲哀冲上了她的心头。

三尺白绢在美人之手的挥动下，直飞向房梁，又软软地落下。貂蝉心中一片死灰，没有一丝生气。她踩上一条红漆凳子，望着那空空荡荡的绳套，悲从中来，双脚一蹬，那红漆香木的雕花凳子即刻倾倒。

就在此时，一双英雄之手从背后环住了美人之膝。

貂蝉在昏昏暗暗中被人从梁上解下，又在昏昏暗暗中被人平放于地。当她睁开眼时，一张英气横飞的脸浮现出来，那人的声音还是那样的悦耳，让人怦然心动："蝉儿，吕布救你来了。"

星星一般的泪花，在那一对俊秀的眼中闪烁，生命的气息又像潮水一般奔涌而来。

貂蝉伸出双手环住吕布，好似坠入黑暗的大海中的落水者，紧紧环住了一根离她最近的礁石。

董卓老贼一命呜呼，王允发出一纸讨贼书，将李傕、郭汜、樊稠三人逼上了死路。

王允在讨贼书中说：大赦天下唯独不赦李傕、郭汜、樊稠三贼。

李傕、郭汜、樊稠是董卓的死党，董卓一命呜呼使他们彻底丧失了后台，未来无比阴沉、无比黯淡地在他们眼前显露，他们的脸阴沉得很，乌黑的眼睛像恶狼的眼睛一样发出绿光。

"王允这厮欺人太甚，既然不给老子活路，咱们几个不如反了。"

"王允这老狗也真够狠，让老子不好过，老子就让你死！"

李傕、郭汜在初夏的阳光里像绝望的猛兽一样狂号乱叫。

"反了，反了，为董太师报仇雪恨。"郭汜将刀高高举起，刺刀的锋芒在阳光的照耀下闪闪发光。

"此时不反，更待何时？"樊稠眼中贮满了激愤的泪水，可怜他们尊敬的董太师驰骋疆场一生，就这么惨死在吕布的戟下，全是王允老贼设下的毒计。

三只手紧紧握在了一起，刀和剑在空中金光闪烁，仿佛一个路标，一座铁塔。

季节的河水涨满了，黎明和日暮仍像老人的步履一样更替。来去匆匆一场大雨，使太白山下的原野总有清泉在涓涓地流淌，草色碧绿生气逼人，褐色鸟群从原野上空飞过。正如人们所说的"血是受伤的符号"一样，鸟群是季节的符号。

几近绝望的李傕、郭汜、樊稠誓同官兵进行一场死战。

夜已深，可孤寂了许久的长安城一片欢腾，家家跟过年似的，人们还在奔走相告，完全没有意识到一场灾难就要到来！

褐色的鸟群扑闪着羽翼，掠过长安湛蓝色的天空，在看不到边际的沙滩上布下如歌的哨音。褐色鸟群天天飞过吕布的温侯府，但它们从不停留，那里似乎还杀气腾腾。

董卓死后，吕布杀贼有功，由王允提议，被皇上封作温侯。

从此极少有人看见温侯吕布跨着赤兔马在长安街头穿行，整个温侯府沉浸在一片欢乐之中。

吕布威风凛凛的身影在长安街头消失了，只有极少数的人知道，吕布是沉浸在与貂蝉的欢乐之中，这个时候正好江山与美人共享。

她的双眸熠熠发亮，吕布握着她的手却如同握着一块寒冰。他们经常这样对坐着——貂蝉注视窗外，吕布注视着貂蝉，他们共同走进了回忆之中，就这样默默地坐着。可吕布总感到看不透貂蝉，貂蝉像一块蓝水晶，吕布看不够，也抚摸不尽；吕布是一块白玉石，貂蝉望不够，也感叹不尽。

他们对视、饮酒、听歌、看舞……就这样一天一天地将日子消磨过去，仿佛沉浸在蜜月之中。

长安城外，方天画戟

李傕、樊稠、郭汜大军卷着滚滚的烟尘而来，长安城刹那间便被浸泡在一片惊慌与恐怖之中。

"你们这些叛贼，本帅正愁无处去寻找你们，你们却自己打上门来，来得正好，快快下马受缚送死……"

王允披挂上阵，他没料到李傕竟然有如此多人马，黑压压一片，像山一样将长安城包围，并且战将如云，步骑甚众，他的心里一阵发虚。

"王允老儿，大赦天下，为何单单不放过我兄弟三人，董卓虽

第四章 吕布发怒，方天画戟为貂蝉

死，与我等何干？"只见对方中一员战将夹马而出，速度甚快，向王允驰骋过来。王允定睛一看，原来是李傕驰马过来，持刀挺立在马上质问！

"本帅与你们这帮贼人无甚好讲的，谁替老夫出战，杀此三贼？"

王允大喊一声，身后的鼓手便将金鼓"咚咚咚"擂得震天响。

"咚咚咚！"

战鼓足足敲了三遍，始终不见一人出来应战，王允自己心中禁不住也打起了鼓。

而那边李傕、郭汜、樊稠的叛军，见长安守军不敢出战，一个个便趾高气扬，狂呼乱骂起来，王允隐隐听见有人在骂他："王允熊蛋，王允草包……"

王允立时火冒三丈，"嗖"的一声拔出佩剑，厉声喝道："我等食汉禄，穿汉衣，理当为国尽忠。本帅奉皇上钦命破敌，若有临阵脱逃、退却者，立斩，冲啊！"

王允把宝剑猛地一挥，驱赶着手下杀向叛军。在"后退"者斩的威慑下，长安守军缓慢地冲向叛军。

这一边是寻衅挑战，那一边是敷衍应战，士气迥然有别。没过几个回合，长安守军便败下阵来。长安守军一退，李傕叛军又鼓噪进逼过来，汉军顿时阵脚大乱，纷纷向城中逃命，无数的辎重都丢在地上，在阳光下闪闪发光。

王允见军势大乱，急得大喊："退不得！退不得！"

无奈兵败如山倒，凭他王允一人之力，又如何能挽住败军狂澜。到了后来，连他自己也被败军洪流裹挟进长安城中。

长安城的吊桥被高高地昂起，李傕立马护城河边。护城河的河水在一夜暴雨之后已经涨满，李傕眼中清晰地看见了长安城分崩离析的命运，他明白长安城中已基本上无将可言，一个吕布整日守在貂蝉身边，又不知何日才能冲锋陷阵。

吕布拿起方天画戟时，只觉得眼睛发花，身体发虚。自从杀死董贼后，今天还是第一次拿戟，长安城外叛贼的叫嚣让吕布感到心烦，打乱了吕布与貂蝉的美梦，无奈自从被封温侯后，还没有冲锋陷阵过。他的身影飘飘忽忽地跨到了赤兔马上，几欲摔下马来。

貂蝉将沉于酒色的吕布送出府之后，心里一阵空空荡荡。这些日子，她一时一刻都未离开过吕布，她的一片心思，也只有寄托在吕布身上，吕布的骤然离去使她顿感孤独寂寞。

上午的阳光刺得人双眼发痛。吕布的出现犹如猛虎的出现一般，使韩、李、范三人顿感心寒，要不是仗着人多，几欲后退撤兵。

吕布的盖世武功韩、李、范三人早有领教。他们深知不要说他们三人，即便有三十个人，也未必是吕布的对手。

"李傕、郭汜、樊稠，快快前来受死！"一阵狮吼惊天动地，吕布将方天画戟高高举起，突觉手臂发酸。战鼓已经震天响地叫起，鸟群一般，在湛蓝的天空中飞翔。

李傕、郭汜、樊稠三人像狼一般结伴而出，围住了吕布这只猛虎，他们尽管结伴出战，也个个胆战心惊。

吕布将方天画戟望空中一晃，他突觉体内空空，难以支撑。

这一晃却唬住了李傕三人，他们恐惧地将马往后一退。

"李哥，郭哥，没有退路了，杀啊！"樊稠大喊一声，挥着大刀迎了上来。

李傕、郭汜相互对视了一下，他们大概也意识到，没有退路了，反正进是死，退也是死，不如拼死一搏了。

三人张牙舞爪地向吕布扑来，吕布用戟同时挡住了劈头砍来的枪、刀、剑，他只觉得虎口发麻，戟差点儿从他手上震了出来。

李傕、樊稠、郭汜三人对视一下，他们感到惊讶的是，吕布今日怎么跟纸人似的，不堪一击了？他们开始激动起来！

李傕于是心存侥幸地托起大刀，朝着吕布的头用力砍去。

吕布只见一片银光朝自己的头颅晃了过来，于是持戟一挡，心先怯了，双腿一夹，赤兔马往后倒退几尺。

樊稠也从未见过吕布如此不堪一击，挺枪刺来。那火红的红缨像火一样飘忽过来，吕布收方天画戟一搅，将樊稠的枪挡开，赤兔马儿又朝后倒退一大步。

郭汜也看出吕布乱了分寸，挥剑砍来。吕布面色如纸，汗流满面，用方天画戟胡乱一架，也不恋战，策马回头就跑。这一仗他对自己一点儿信心都没有。

李傕三人深知吕布骁勇。吕布今日的不堪一击使他们难以置信，他们害怕长安城中有诈，也不敢追，眼睁睁地看着吕布带着长安守军慌慌张张地撤入城中。

当晚貂蝉摆出酒宴犒劳吕布。吕布拿起酒杯往地上一摔，也不理貂蝉，将背转过去，愤愤地说："我吕布若再沉迷酒色，此命休矣。"

酒杯在地上顿时碎裂成了数片，美酒小溪一般在地上扭扭曲曲地流淌，天上那一轮月，也在酒溪里晃来晃去，一切都像貂蝉的脸一样，变了颜色。

貂蝉看着吕布发怒，心中不快，后想是战事不利，便又规规矩矩地端坐于吕布身旁，曲意逢迎："胜败乃兵家常事，夫君莫要把这一切太挂在心上，晚上好好休息，明日自然找那帮贼众杀个片甲不留……"貂蝉的话充满柔情。

吕布一下把今日软绵绵的表现全怪罪到了貂蝉身上，貂蝉将温暖的身子向他后背贴过来。他既惊又气，回转身，将貂蝉猛地一推，埋怨道："都怪你，要不是你，今日怎会这样？"话音刚落，就见貂蝉影子一般飘然倒下，食案也同她一起倾倒，一桌的酒菜，"哗啦啦"纷纷落地，杯盘碎裂的声音和那溢出的菜和肉的香味一起弥散，地上一下子像洒了颜料一般，五彩斑斓。

貂蝉的身子倒在了地上，给人的感觉是一袭轻飘飘的白衣落到了地上，貂蝉的额头在柱子的撞击下，一缕细细的血，从她美人之额上沁了出来！

"啊，蝉儿……你受伤了。"吕布没料到自己竟推得那么重，连忙伸手去扶。

吕布叫人取来了敷药，貂蝉在月光下抚额皱眉的样子使他又悔又怜又爱，他伸手将貂蝉揽了过来，一面用手轻柔地拭去貂蝉眼角的泪水，一面要替她包扎。

"我自己来。"貂蝉将敷药夺过。那一缕细细的血还在流淌，她的腮上，挂满了珍珠一般的泪滴，在月光下闪闪烁烁，泪与血像约好的一样，很快交融在一起，泪花里夹着血丝，吕布这回吓坏了……

琴声在黯淡的天空中如怨如诉，恍惚让人能看见曲子中飘零的黄叶和立于这无边落叶下的伶仃之人，这个夏日的夜晚在这琴声中蓦地显露出秋日的忧伤。

吕布又一次持戟跃马巡游在长安的城墙上，一轮硕大的圆月如伞盖一般罩于头顶，吕布的身影显得孤单飘零，他默默地看着城下，今晚的月亮很圆。

敌军的火光在月光下鬼火一般飘飘忽忽，守城的军士们昏昏欲睡，被吕布用画戟的另一端捅醒，纷纷腾跃而起，吕布惨白的脸在月色里浮现，使他们无不胆战心惊。

赤兔马走过东城、西城、南城，剩下的就是北城。赤兔马每在风中行过一段，吕布心中就平添一分懊丧与孤独。就因为他那不慎的一句话，貂蝉被深深地伤害了，背着脸不理他，不管他如何解劝，如何赔罪，她就是一言不发，冷若寒冰。

换了别人同他撒气，吕布早就发作了，偏偏这人又是貂蝉，让他有气没处发，真可恨，吕布又一次咬了咬牙。

吕布越想越气，将方天画戟一挥，那画戟在月光下画了一道银弧，正好撞着了一棵木桩，那木桩的一头，顿时飞出，发出"砰"的一声响。

这一声响惊动了城墙上的一个黑影，他开始蠕动起来。那黑影离吕布有百来米，但月光却将那轮廓勾勒得那么清晰。那影子窈窕，从走路姿势看，肯定是个女人。刚才她是蹲着的，现在朝着透出灯光的城楼上走去，一闪，便消失了。

"城楼上怎么会有女人？"

吕布一想，感到大为怪异，催马过去，听见楼里有几个男人的说话声和几个女子的浪笑声，他已经猜出了个十之八九。

拍马过去，在城楼前停下，提着戟上了楼梯，将那门一脚踹开。

屋内两男三女那不堪入目的一幕，一下子闯入吕布眼中。吕布圆瞪双眼，定睛一看，才发现形瘦如鸡的是他的部将胡赤儿，另一个矮胖圆滚的是部将张锋。

"将军饶命，将军饶命。"两人"咚"的一声，跪倒在地上。

胡赤儿和张锋的声音直颤抖。

吕布气得大叫："你们这帮鸟人，大兵压境，你们还在此干如此伤风败俗之事，我不惩罚你们，如何才能知道我吕布军令如山，来人啊——"

那些守城的兵士早被惊动了，向小小的城楼拥来，挤在门边，围得水泄不通，已经开始有人大呼小叫！

吕布勃然大怒，挺起戟，三个女子便被戳了个透心凉，赤条条地一命归西。胡赤儿和张锋霎时脸"唰"的一下白了，如同死灰。

吕布指着胡赤儿和张锋，吼道："拉出去给我一人痛打三百鞭。"

四名士兵蜂拥而至，抓起已瘫在地上的胡赤儿和张锋，不一会儿，传来了两人哭爹喊娘的声音。

已经好几天了，李傕叛军依然将长安城围了个水泄不通。主帅王允依旧愁眉不展，少年天子面对压境大兵也惶惶不安。李傕天天派人叫阵，长安守军就是闭门不出。

吕布除了与王允讨论破敌对策外，就是枯坐家中，貂蝉这两日对他爱理不理使他无比心烦，他整日在家中摔杯子、骂仆人、饮酒，但就是不敢动貂蝉一根毫毛。貂蝉对吕布摔杯撒气之举，也极瞧不上，她心中对吕布的一腔爱意，不想在这短短的几日中竟然冲淡。因此，她对吕布的冲天怒火，也视而不见，听而不闻。

日子一天一天过去，长安城中物资一天比一天匮乏，百姓一天比一天绝望，他们心中涌出无限悲凉。整日叫嚣着为民做主的王允此刻也一筹莫展，并且渐渐地产生了绝望的情绪，他只有等待事态的发展。

胡赤儿和张锋很不光彩地挨了三百鞭子，皮开肉绽，在床上躺了整整三天，这一顿鞭打也让二人心灰意冷。

当胡赤儿与张锋再次相逢时，两人便大骂起吕布来。

胡赤儿愤愤不平地说：“吕布这厮一天到晚同貂蝉鬼混，我俩只不过尝了点猫腥，就对我们下这样的毒手，真是可恨……”

张锋也忧心忡忡地说：“李傕军队围城好些日子了，长安城中的粮草日见缺乏。长安失守是迟早的事，我们的死期快到了，关键时候，吕布不但不会同我们商议军务，还因鸡毛小事对我们兄弟痛下毒手！”

胡赤儿道：“吕布如此不仁不义，视我们如同草芥，我们不如弃了他早早逃命。”

张锋道：“与其如此，不如我们暗中将城池献给李傕将军。到时李傕破了城池，做了天子，我们也算是有功之臣了。”

胡赤儿想了想点头同意："此计大妙。"

李傕是在五更天里发动总攻的，那时天边正是鱼肚的苍白色，太阳像一个鸡蛋黄，从地平线下冒了出来。

拂晓时分正是守城军最疲乏、警觉性最低的时刻，李傕大军无声无息，借着蒙蒙的雾气，潮水一般涌向长安城。长安城依然在沉睡之中，像一座死城！

李傕、樊稠、郭汜三人暗喜，李傕悄悄拉开了弓，右手搭着一支捆绑呼哨火药的强箭，目不转睛地瞄准城楼的正面。

"嗖——"随着一声凄厉的呼哨，那箭便像火球一般燃烧起来，直扑向城楼。李傕箭无虚发，那箭不偏不倚，正好射中城楼的大红门楣，"腾"的一声，城楼上立时燃烧起来。风助火势，那团火便膨胀起来。城下的叛军一阵呼哨，有人已大呼："将军好功夫！"一时间士气大振。

守城的汉军还没醒悟过来，埋伏着的叛军便一呼而起，一个油桶即将被点燃。

第一架云梯像一只巨大的手臂，在开始耀眼的日光里竖了起来，紧紧地抓住了城墙。

第二架云梯，也悠悠地靠在了城墙上。

很快所有的云梯都靠上了城墙，李傕的兵士们争先恐后地踏着云梯拼命往上攀登。

李傕有令在先："攻破城池后所有兵士可以放荡无忌地抢三天，玩三天……"

刚刚从睡梦中醒来的兵士们慌慌张张行动起来，城头上已经有刀光闪动，雷石如雨，倾泻而下。

随着一声声惨厉的惊呼划过天空，那一架架云梯有的被推倒，有的被砍断，坠落的士兵非死即伤。

聚集在城下的士兵也挨了一阵滚木雷石之雨，片刻之间，攻城的叛军就被砸倒了一大片。

李傕杀得眼红，将旗帜猛地一挥，弓弩营的士兵们纷纷齐射城头，弦响人仰……

一轮红日已将战场染得鲜红。整个长安城的城墙，被浸泡在一片红色之中，长安城城墙上已经有血蛇在蠕动！

李傕的人马，齐集在北门之外。

"轰。"一声巨响，北门的吊桥徐徐从天而降，两扇大门也敞了开来，露出一个黑而深的洞，像张大的嘴巴。

"李将军……郭将军……樊将军……"张锋和胡赤儿在城楼上大声喊道，城下一片沸腾。

李傕三人在城楼下见状大喜。张锋和胡赤儿两日前派人送信来说愿做内应，李傕本以为是王允之计，今日看来，真是老天相助，长安城将被他踏在铁蹄之下是必然的了，看你王允老贼哪里逃，非杀你个片甲不留，李傕振臂一呼："弟兄们，冲呀！"

李傕大军似一条黄灿灿的河流，滚滚涌入长安城中。

红日已经升起，一缕阴云飘移过来，将那日光遮掩。

长安城旗帜纷纷倒下。哄叫着的叛军士兵在城楼上耀武扬威，大呼小叫。大街上一片狼狈不堪的士兵，路边的厢房不时传出的女人们的呻吟声和求饶声，昭告着一切都变了。

当长安城中第一条火舌蹿出，天便开始流血，赤红赤红，顷刻红了半边天。城市也开始流血，李傕叛军在攻入长安城的那一瞬间成了饥饿贪婪的野兽，他们在马路上横冲直撞，提着刀张牙舞爪地冲进了城内人家，烧、杀、抢、掠……长安城的女子在这个被血染红的清晨统统难逃劫难，在野兽们爪子的蹂躏下，被压倒在地，痛苦地挣扎……无数的房舍冒出了青烟，到处"噼里啪啦"，顷刻之间化作一堆瓦砾。

烈焰像千万条火龙从千万家房舍的屋顶呼啸而过，长安城化作一片火海。长安街头，血流成河，横尸遍地。

吕布就是在这个时刻被惊醒，他慌忙披衣冲出卧室一看，阳光灿烂的天空上不时有烟奔腾而起。屋外的脚步纷乱，街上的喊杀声，号叫声，纷至沓来。一个仆僮从屋外飞奔进来，惊慌失措地说："不好……不好了，李傕叛军……入城……入城了……"

顷刻间吕布两眼发黑，他一阵恍惚。天哪，堂堂的国都，就那么轻而易举地叫几个乱臣贼子给攻下了。既然大势已去，三十六计走为上，还是逃吧，留得青山在，何愁无柴烧。

吕布急急忙忙返回内室。貂蝉已经起身，屋外纷乱的声音穿透墙壁而来，也使她茫然不知所措。

"蝉儿，快，收拾一下，再不走就来不及了……"他一边说，一边披上甲胄。火红火红的赤兔马在堂屋里发出一声长嘶，惊天动地。

貂蝉的身子紧紧地贴着吕布宽广厚实的脊背，她的手紧紧地抱着吕布粗壮的腰身，重重的甲胄将她同吕布裹在了一起。没有人会在慌乱中发现吕布重重的甲胄后面还有一个宛如天仙的貂

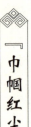
蝉，没有人不畏惧他手中的方天画戟！吕布挥戟而行，赤兔马像狂风巨浪里的一艘船，一起一伏，貂蝉体验到了一种从未有过的温暖。

貂蝉清晰地意识到，这个男人，不仅在保护他自己，也在保护她，为了活命，他完全可以舍弃她，单枪匹马，毫无负担地杀出城去，可是他却将她的命运同自己捆绑在了一起，就这样同生死，共存亡。

如果他们还有再活一次的机会，她一定要好好地去爱他，用自己的身心、自己的生命去爱……她心中暗暗发誓，这个男人有值得她爱的地方。

赤兔马一起一伏，貂蝉的心也在一起一伏。

叛军像潮水一般挥着刀砍杀而来，刀在阳光里"呼呼"地喘息着，显示它们嗜血的欲望，而每一只握刀的手，都仿佛在刀的操纵下，上挥下舞，左右翻滚。

刀是穷凶极恶的野兽。他和她是被刀追逐的猎物。

他背着她迎着刀山而上，没有任何的胆战和丝毫的畏惧。

他的方天画戟在空中挥舞得如同神话，方天画戟银白色的刃、红色的柄，在明亮的阳光下游走，宛若游龙。

方天画戟轻轻一挥，那些猖狂的刀们纷纷垂落，无数个人头，像硕大、鲜红的水珠一般，从白浪似起伏的刀丛中升起，又被刀淹没，许多的刀颓然落地，冲天喷出，仿佛血的喷泉在比赛，在他们身后痛苦地呻吟。

方天画戟轻松地扫开一条血道，赤兔马载着英雄美人，迎着血红的朝阳，飞奔而去，远方太阳红得如同长安城的大街。

城楼上一声大喝，霹雳一般在头顶炸响："休要放走了吕布！"

"拦住那个狗贼！"

貂蝉将脸紧紧地贴在吕布的后背上，她不再感到惧怕。她相信他，相信吕布一定能在这刀山火海中，跨着赤兔马，闯出一条生路。

青琐门的城门洞依旧黑咕隆咚，叛军乱哄哄地拥过来。那个城门洞似乎无比的漫长，貂蝉的一颗芳心，在这漫长的生命通道里悠然穿过，仿佛走了一个世纪。

吊桥"哗啦"一下竖起来了。

脚下是哗哗的流水，这是一条十米宽的护城河。

吕布一夹马肚，赤兔马腾空而起，朝阳迎面扑来，赤兔马已经安然落在了十米外的对岸！

护城河水在身后无可奈何地号叫着。

只听城上又有人大喝一声："放箭！"

千万支箭矢蝗虫一般呼啸而来。

吕布一回马，方天画戟风车一般旋转，"呼呼"响着，那蝗虫一般的箭矢，如同碰着了那旋转的风车，轻飘飘地飞扬，落到了地上，如同霜打的茄子，一个个耷拉着脑袋。

沦陷的城池被远远地甩在了后边。

赤兔马在原野之上穿行，貂蝉紧紧地抱住吕布，耳边的风"呼呼"地吹着。阳光倾泻而下，生活的希望在地平线上重新升起。赤兔马一路风驰电掣，将死亡和恐惧抛得无影无踪。

"夫君，我以后再也不……我一定好好待你。"貂蝉禁不住热泪滚滚。

吕布很自然地将貂蝉拥入怀中，抚着她如瀑的长发和让人迷乱的面孔。

貂蝉把脸紧紧贴在吕布的胸脯上，任眼泪哗哗地流，她能听见他"怦怦"的心跳。

她的心中已被温暖所包融。

吕布的手臂使上了力，把她细嫩的骨头都钳疼了，他反反复复地念叨着："蝉儿，蝉儿，你是我的，是我的。"

他们就这样在天和地之间，一个面对纯洁广阔、有褐色鸟群掠过的湛蓝色天空，一个面对丰厚敦实，充满了温情博爱和草香的大地，相拥相吻，他们在这一刻忘记了一切，包括：生命、时间、过去、未来……

他们多么渴望着地久天长，海枯石烂，他们多么渴望平静呀！

李傕、郭汜、樊稠叛军像开了闸的洪水一样包围了皇宫。

元老大臣们在洪水的威逼下，纷纷退进了皇宫，皇宫成为一块唯一没有被淹没的陆地。

汉献帝在群臣的包围下，六神无主，只有仰天垂泪。他仿佛看见死亡正从皇宫昏暗的阴影之中向他蹒跚而来，他简直就要晕过去了！

死亡的气息从王允身上飘浮而出，王允却浑然不觉，他朝皇上跪拜一下说道："眼下之计，只有我皇亲自出面，才能退去叛军。”

皇帝御用的金黄色华盖，仿佛洪水之中的飘移物，在宣平门城楼上飘移而出。

阳光在华盖的泻染下，也变得金黄金黄的。宣平门城楼下的叛军，面对飘浮而出的华盖，一个个都诚惶诚恐，高呼"万岁"的声音惊天动地。

汉献帝年轻却威严的声音飘荡在大殿："卿等不等候奏请，直接进入长安，想要干些什么？"

李傕三人仰面奏道："董太师是陛下的社稷之臣，无缘无故被王允设计谋杀，臣等特来报仇。只要见到了王允，就马上退兵。"

王允此时正站在汉献帝的身后，一根柱子落下的阴影将他的脸完全覆盖，他挺身欲出，被汉献帝转身止住。

王允奏道："臣本来就是为了国家为了社稷，才这样做。事已至此，冤有头，债有主，皇上不必惜臣，让臣去吧！以免误了国家。"

王允说着，愤然而出。汉献帝已潸然泪下，他听见王允大呼："王允在此。"

李傕等人看见王允的身影从阳光里闪将出来，气得牙齿咯咯响，"哗啦"一下把宝剑拔出怒斥道："董太师何罪被杀？"

王允正色道："董贼之罪，弥天盖地，数不胜数。你们难道不知道董卓伏诛时长安士民都奔走相告，举家欢庆吗？"

李傕、郭汜、樊稠又问："太师有罪，我们几个又有什么罪？你老儿不肯赦放我们。"

王允仰天一笑，这个笑在外人看来很自豪，但也有苦涩。

"和你们这些乱臣贼子没有什么可讲的，所有剿杀贼臣董卓这件事都是老夫所为，与万岁无关，我王允今天把命还给你们就是了。"

王允说着纵身从宣平门城楼上跳下，他的青色朝服被风鼓胀而起，好像一面青色的旗帜，在发出揪心的一声巨响之后，鲜红的血便流了出来。

中午的阳光，一下子被洇得血红。

第五章

鸿门冷宴，爱与恨的徘徊

　　貂蝉色艺双绝，能歌善舞，她深明大义，愿舍身救国，吕布有异于常人的英雄气概。这是一个被演绎了无数次的爱情故事，这是他们心中刻骨铭心的爱情故事，他们深深地渴望着天长地久、海枯石烂。

吕布流浪，战火周旋

曹操正在徐州与陶谦、刘备、孔融大战，不想吕布乘虚而入，一举攻下兖州、濮阳。曹操得报，只好卖个人情与刘备，拔寨退兵，回救老巢。

吕布得知曹操领军回救兖州、濮阳，就叫副将薛兰守住兖州，自己准备带一支人马去守濮阳。陈宫献计说："将军，这样不妥，薛兰是守不住兖州的。曹操长途回军，乃疲惫之军，我们正可乘他立足未稳，打他个措手不及，来个一战取胜。"吕布不听，只道："我非去濮阳不可，我去濮阳，就可成鼎足之势，方能破曹！"

陈宫又献计说："将军，离城一百八十里的地方，有一条泰山险道，将军可在那里埋伏一哨人马，等曹军到时，容他兵马过去一半，然后拦腰将其斩断，孟德可擒！"

"不！"吕布摇摇头，"我此次兵去濮阳，另有别图，公台不知，不必多言。"

吕布根本不采纳陈宫的建议，说完，便带领人马奔濮阳去了。吕布领兵进了濮阳，曹操的大军已经接近泰山。途经泰山险道时，郭嘉提醒曹操："主公是否先不进险道，以防吕布在此设下伏兵。"

曹操微微一笑，说："先生多虑了，吕布乃有勇无谋之人。今见他离开兖州去濮阳，就知他绝不会在此设伏兵，我等可以安然而过。”

说着，把令旗一摆，催动人马："快过！"

果然，大队人马平平安安由泰山险道过来了。大军接近濮阳时，郭嘉又提醒曹操："主公，小心吕布乘我军疲惫之际，前来偷袭。"

"先生又多虑了。我料吕布恃勇自负，哪有这样的韬略！只管放心扎下营寨。"

不出曹操所料，陈宫看到曹操率领人马匆匆来到濮阳城下，又给吕布出主意说："趁曹操站脚未稳，将军火速起兵，迎头痛击，把曹孟德打个落花流水。"

吕布不以为然地说："公台差矣。我吕布方天戟天下无敌，胯下赤兔兽踏遍乾坤，不消打人家的站脚未稳。等曹孟德把营寨扎驻之后，我再开战，必擒曹操。"

曹操不紧不慢地把营扎下来，第二天早餐时才接到禀报说吕布讨战，曹操立刻带领人马出阵。孟德往前一催马，让吕布阵前答话。吕布催马过来，曹孟德用鞭子一指，说："吕布，老夫与你无冤无仇，你为何偷袭我的兖州？占领我的濮阳？"

吕布一听冷笑了一声，说："这城池乃是汉家的城池，人人有份，难道说只是你一人的不成吗？"

说着，吕布把方天戟一摆，问道："何人出阵将曹孟德与我拿下？"

他手下大将臧霸催马过来，举枪就刺，曹操身后有人大吼一声："哎！休伤我主！"正是乐进。

乐进飞马到臧霸的跟前，两将杀到一处。二马盘桓，双枪并举，杀了个难解难分，三十回合未见胜负。曹操阵上的夏侯惇急了，也催马过来了，他要与乐进双战臧霸。吕布这边的大将张辽也不相让，大叫："夏侯惇休得逞狂！"边叫边催马上阵。四将打到一处，又战了二十几个回合。

吕布有点生气了，他见半天取曹将不下，也高叫一声："尔等闪开了！"

抖动方天戟，一催赤兔马，杀进阵来。

他一上阵，乐进、夏侯惇哪能抵挡得住，一下就败了三十多里。曹操好容易收住人马，扎驻营寨。曹操原想兵进濮阳，定是一举而下，没想到让吕布杀成这样，他赶紧把文武官找到中军商议。

于禁出了一个主意："主公，我在阵上掠阵时，看到濮阳西面有一座营寨，就好像濮阳的一个翅膀，那里可能驻有吕布人马。主公能不能给我一支令箭，今晚三更时分，我去把西营劫了。"

曹操看了看于禁，心说：我这武将也知道用谋了，真是太好事。他点头说："于禁所说正合我意，今夜三更，我亲自和你去劫吕布的西营，将他的翅膀砍断。"

当下，曹操令曹仁、李典、毛玠、吕虔、于禁为先锋，自己带着大将典韦为中军。

典韦此人，曹操特别器重他。典韦身高过丈，生得赤发朱髯，面似青苔，金眼突眶，声如霹雷，膂力千斤，他不但勇猛而且忠义。来曹营之前，典韦为给他的一个朋友报仇，持刀杀了他朋友的仇人，杀完之后，典韦提头过街，官军数百，不敢靠近。他久在深山打猎，常常追得猛虎满山乱跑。曹操在兖州招贤纳士时，有人把他推荐给曹操。曹操见典韦那天，正值大风，风把营中的旗杆都快刮倒了，三四十名军士来扶都扶不住，典韦过去，用一只胳膊就扶住了。这一下惊震了全营将校，曹操也喜欢得不得了，他当即脱去锦衣披在典韦的身上，典韦非常感激曹操对自己的知遇之恩，誓死保曹操打天下。每次打仗，曹操都把典韦带在身边，今晚劫寨又是这样。

天到三鼓，曹操率领人马来到吕布的西营，一声炮响杀了进去。吕布在西营的人马不多，曹操不费多大力气，就攻下西营，可是不到一个时辰，吕布的救兵到了。

原来，吕布打了胜仗回到濮阳，犒赏三军，陈宫提醒他："将军，西营为濮阳一翅，千万不可大意，应该再派出一哨人马去增援西营，以防孟德劫寨。"

"哈哈哈……"吕布大笑，"公台想哪儿去了？曹操被我杀得大败，一败几十里地，他哪还有力量劫寨呀！"

陈宫摇头不迭，道："不！将军，孟德其人是极能用兵的，将军不可不防啊！"

"好，既然公台提醒，我现在就派高顺、魏续、侯成领兵五千去增援西营。"

可是等高顺三人领兵来到西营时，曹操已经把西营攻下了。高顺赶忙夺寨，一声炮响杀到营门。曹操立刻摆兵迎战，两下刚刚交手，忽听东边一声炮响，张辽、臧霸；西边一声炮响，郝萌、曹性；北面一声炮响，成廉、宋宪。众人一齐杀进西营。看来陈宫安排得真是周密。这还不算，吕布与陈宫总接应，四面张网，把曹操困在当中。曹操一看不好，立刻吩咐李典、毛玠，一个一个往外冲杀，非杀开一条血路不可。

曹操催马正往前边跑，对面一阵梆子响，万箭齐发，根本过不去。曹操一看情形危急，脱口高呼："谁来救我？"

正在这时，典韦炸雷般高喊："主公莫忧，典韦在此！"

典韦骑一匹青鬃马，头戴赤金吞火盔，朱缨倒挂，身穿大叶儿黄金甲，大戏滚裤，足下一双五彩虎头战靴，手里边举着一对短把戟有八十多斤重，肋下斜挎一只豹皮囊，里边装着十二只凤翅金戟，每一只是一尺二寸长。典韦的马来到曹操前边，他的短把戟一抡，快如飞轮。把这弩箭打得到处乱飞，直把吕布的兵杀得节节倒退，终于杀出一条血路来。

此时，漫山遍野都是吕布的追兵。典韦一看，由马上跳下来，把短戟往咬拧环得胜钩上一挂。他让曹操走在前边，自己走在后边，并伸手由豹皮囊里把短戟抽出来，往手里这么一合，告诉身边的小校："等敌兵离我十步的时候提醒我！"

"是！"

这些小校赶紧回头观看，眼看追兵越来越近，大喊："将军，十步了！"

"等敌兵离我五步之时，再提醒我！"

"将军，五步……五步了！"

典韦不慌不忙地一回头，把手里的短戟一抛，正中前边一个骑兵，紧接着，十二支短戟不虚发，把追在前边的十几个将军全都打下马来，后面的追兵见了，谁还敢再追？

趁这工夫，典韦重新翻身上马，挥动铁戟，杀出了重围。吕布的追兵停了一阵，又追上来了。典韦保着曹操好不容易杀出重围，正碰上夏侯渊率领着援兵杀到了。

曹操又大败五十里，比第一仗还惨。这时候，曹操可着急了。开始，他没把吕布放在眼里，现在一看，吕布确实勇冠三军，加上陈宫足智多谋，实在不好对付。想到徐州复仇未成，老家兖州和濮阳又收不回来，曹操急得坐卧不安。正在这时候，门军来报："启禀主公，营门外有人前来下书。"

"赶快把下书人带来！"

不大工夫，下书人进来了，把书呈给曹操。谁给曹操写的信？是濮阳城里一个姓田的大财主。田氏家财万贯，是濮阳的首户。他在信中说："吕布残暴不仁，我知道明公兵回濮阳，愿做内应。请明公今晚三更来取濮阳，我在城头上挂一面白旗为号。你的人马一到，我就开关落锁，接明公进城。"

曹操乐坏了，赏了下书人，说："今晚老夫兵进濮阳！"刘晔提醒曹操道："主公，吕布无谋，陈宫多计，主公不可不防。"

"先生所见与老夫相同，我已做好安排。"曹孟德兵分三路，一路人马进濮阳，两路人马做接应。

天到二鼓，曹兵杀到濮阳城下，一看吊桥已经放下，曹操催马过桥，夏侯惇过来了，低声跟曹操说："主公，先别进城，还是让我进去探一探！"

"嗯？"曹操瞪了夏侯惇一眼，"我不先行，谁肯前往？"

曹孟德刚到城门口，借着星光定眼一看，城门口挂着一面小白旗，还没等他叫喊，就听"哗啦啦"锁一响，城门开了！

曹操领着人马杀进濮阳，一路上什么动静都没有，眨眼到了吕布帅府，也不见一个人影。曹操情知中计，肚里说一声："不好！"忙传令："赶快退兵！"

后队变前队，赶紧顺着原路往回退。可是，还没等曹兵转过身来，吕布帅府的炮就响了！随着炮响，北街街口杀出一队人马，左边是高顺，右边是魏续，掐断了来路。紧跟着城里鼓声大作，火光冲天，喊杀声不断，到处都在叫唤抓曹操，曹操不由得紧张起来。曹操想从南门出去，可是南门也是吕布的人马。

这时，曹操才发现自己进了吕布的口袋阵，吕布已经把口袋嘴勒得死死的。曹操正在焦急，典韦到了，"主公休得惊慌，典韦在此，快随我来！"

说着他把双戟摇动，又杀开了一条血路，来到南关，过了吊桥，典韦才放了心，说："主公，好险！"

说着，典韦回头一看："哎呀！"曹操没了！这可把典韦急坏了。他一步也不敢停留，拨马就往城里走。走到城门口，正好碰上李典，上去便问："李典将军，你可曾看见主公？"

"我正在寻找！"

"哎呀！"典韦让李典快去搬救兵，自己就杀进城去。这会儿城里比刚才更乱了，杀声、喊声、击鼓声，乱成一团，到哪儿去找曹操？他连杀了四街八巷，也没见曹操的踪影。典韦二次杀到南关口，又碰上了乐进，乐进也在找曹操。二将合在一处，再次进城找曹操。刚到城门口，扑通一声，从城上掉下来一根滚木，滚木带着火，乐进的马过不去。典韦着急，"啪"，用短戟把照着自己青鬃马的三叉股就是一下，青鬃马一声怪叫，驮着典韦，冲进城来，终于寻找到曹操。曹操随典韦杀到南关，正当典韦冲出去时，火光把南关口封死了，曹操出不去，只好拨马往北关跑。

跑着跑着，迎面杀来一将，曹操注目一看，差点从马上掉下来。迎面一将是谁？正是吕布。曹操慌忙低头，把帽子往下一拉，用袖子挡住脸，故意勒住缰绳，把马放慢，硬着头皮和吕布错镫而过。

吕布一回头，"啪"，用方天画戟敲在曹操的帽子上，曹操浑身的血都凝固了。

"你可看见曹孟德？"

"啊！看见了！就在前边，骑黄马的便是。"

吕布一抖缰绳，追了下去。曹操一看吕布往北追去了，赶快往南逃命。他一拨马，拼命跑起来！跑了一段，正好碰上典韦和乐进，曹操以手加额，这才稍稍放下心来。典韦、乐进保着他走到南关，关上滚石擂木一齐往下砸。典韦和乐进拨动手中兵刃，拨打滚石擂木，给曹操开道。

曹操也不管好歹，拍马往外冲，正好被一根着火的滚木砸中马屁股。

那马一声惨叫，曹操连人带马跌倒在地，滚木压着曹操的马，马压着曹操的一条腿。

曹操咬着牙，好容易才把腿抽出来，可是，靴子也掉了，袜子也不见了。曹操又用手去推滚木，想把马救出来。可是滚木上的火，烧得曹操满脸黑，眉毛、胡须都烧光了。典韦和乐进赶过来，扶起曹操，典韦又把自己的马让与曹操，他和乐进步行，边战边退，一直杀到天亮，曹操的人马才算收住阵脚。

众文武过来一看，曹操的头发、胡子、眉毛都烧焦了，脚下只穿着一只靴子，袍子也破了，帽子也瘪了，众文武齐说："都是我等的过错，害得主公如此受苦受惊！"

曹操听了，仰面大笑，"哈哈哈"！

这一大笑，把众文武都笑糊涂了，个个面面相觑。曹操摆手说："你等不必担忧，老夫一时大意，中了小儿吕布的奸计，此仇老夫必报不可！"

曹孟德夜袭濮阳，大败而回。众文武都来给他压惊，他却仰面大笑，谈笑风生。然后，曹操带着文武去各个营寨巡视，慰问将士。众人见曹操烧成这个模样，还来巡视看望，十分感动。曹操见士气还高，就和文武商议："老夫已经想好一计，可生擒吕布。"

郭嘉问："明公，计将安出？"曹操一摆手，不说。

第二天一早，曹营里吹开了丧号，满营将士都披麻戴孝。全营上下传开了一个消息：曹操昨夜濮阳受伤过重，医治无效，一命身亡。吕布闻讯乐坏了，曹操被我烧死了，今晚待我前去劫营，定把曹兵一网打尽不可。当晚三更时分，吕布率领两万精兵，杀奔曹营。还没到曹营辕门，只听一声炮响，杀声惊天动地。曹操领着人马由马陵山后杀出来，把吕布杀得晕头转向。

原来曹操使的是诈死之计。吕布仓皇应战，这场混战，从午夜一直战到天明，吕布的两万人马，连死带伤，只剩两千。吕布见势不妙，败进濮阳，紧闭城门，不再出战。曹操马不停蹄，再次兵临濮阳城下。两边在三个月内共打了一百多仗，不分胜败。曹孟德想收濮阳收不了，吕布想把曹操赶走也赶不走。时间长了，双方军粮困难，无力再战，曹操只得兵进鄄城，鄄城就是现在的山东蒲县。曹操退了兵，吕布也上山阳去了，只留了一部分人守濮阳，这山阳就是现在山东的金阳西北。吕布去山阳找粮食，以防曹操再来攻打。

正当曹操和吕布对战的时候，各家诸侯就在旁边坐山观虎斗。他们知道：两虎相争，必有一伤，以便从中渔利。事实正是如此，曹操攻打吕布，有的诸侯还真沾了光。就拿陶谦来说，就是因为曹孟德打吕布，他的徐州才保住了。

曹操从徐州撤兵时，还给刘备写了一封信，卖个假人情。信送到陶谦手中，陶谦十分高兴，就在帅府大摆酒宴，款待孔融、刘备和关羽、张飞、赵云。筵席刚完，陶谦又吩咐人把兵符印信拿过来，双手捧到刘备跟前，还是要把徐州拱手让给刘备，陶谦诚恳地说："公乃帝室后代，才高德重，理应为徐州之主。"

刘备赶忙还礼说："陶府君，刘备才疏学浅，万万不能代府君主事徐州。"

陶谦为什么非要把徐州让与刘备呢？陶谦有自己的想法：他身体不好，年事又高，身边两个儿子又不成才；曹操此番一走，是顾老家去了，等他把老家安置好了，还得回来取徐州。这徐州与其让曹操夺了去，不如把它奉给刘备。

那么，刘备为什么三番五次拒绝收下徐州呢？刘备也有刘备的苦衷。刘备的内心是很想要这个地方的，自从他出世以来，他还没有一个安身落脚之处；但刘备也不傻，他是受孔融之托来助陶谦的，来到这里就把徐州拿到自己手中，就要落个助人是假、夺人之地是真的不义之名，于日后谋大事不利，所以让之再三，推之再四。

糜竺见了，就冲陶谦使了一个眼色。

陶谦忙说："玄德公再三谦让，我只好暂时作罢。但我还请玄德公暂且驻军那里，不必回平原去了。我怕曹孟德收了兖州，回兵徐州，还要请玄德公相救才行。玄德公驻小沛所用粮草，都由我如数供奉。"

玄德不好再推辞，只好点头答应，不回平原，暂住小沛。

刘备到了小沛，张榜安民，不久，小沛就被刘备治理得井井有条。没多少日子，陶谦重病，卧床不起。陶谦自知命在旦夕，急让糜竺把刘备从小沛请到徐州。刘备来到陶谦的病榻前，还未开口，陶谦又把兵符印信拿出来，吃力地说："玄德公，老夫年迈，病势沉重，命在旦夕，到了向公托付后事的时候了。我的两个儿子不才，不堪国家重任，只有玄德公可担徐州大事。我知玄德公以信义待天下，不愿代我事徐州。但我望玄德公以汉室和徐州百姓为念，权且把徐州接下吧！"

玄德还是推辞："府君何出此言！万望静心养息贵体，不日就会痊愈的。"

陶谦轻轻摇头，说："我命休矣！玄德，我三次让徐州你都不受，你莫非无人助你不成？老夫可给你推荐一人，此人姓孙名乾，为人聪明机智，可辅佐你成就大业。"

然后又吩咐糜竺保玄德，尽忠义，最后拜托玄德："我死之后，我的两个儿子尽可多加教诲，望玄德公前途珍重。"

说完之后，陶谦指心而亡，意思是我一片诚心把徐州拱手相让。玄德放声大哭，糜竺过来解劝说："徐州不可一日无主，请玄德公即刻收下兵符印信，担起治理徐州的重任吧。"

刘备还要推辞，徐州百姓闻讯，哭请刘备主事。刘备这才出榜安民，治理丧事，并申报朝廷，说明自己暂领徐州牧一事。

曹操在鄄城得到陶谦病逝、刘备得了徐州的消息，十分恼火。"陶谦已死，我父仇未报，更可恨刘备凭空得了徐州，这口气如何咽得下去？老夫即刻发兵徐州，先杀刘备，后掘陶谦尸骨，以报父仇！"

马上传令："起兵！"

谋士荀彧过来说："明公且慢，学生有几句话要讲。"

"先生有话请讲。"

"明公，这兵发不得。"

"怎见得？"

"过去汉高祖保关中，光武帝拒河内，都是先扎稳了根本，然后再取天下。有了立足根基，进可以攻，退可以守，才可完成大业。眼下，明公还是以收回兖州、濮阳为重。只有抓紧准备粮草，振奋军威，先取兖、濮二地，然后再伐徐州不迟，请明公裁决。"

"多谢先生提醒。"于是，曹操打消了取徐州的念头，着手抢粮食。此时各地诸侯都在抢粮，兖州的薛兰也带着人马抢粮来了。曹操听了说："薛兰出城抢粮，那么，兖州空虚，咱们乘机兵进兖州才是。"

曹操派典韦为先锋，一边抢粮食，一边进兵兖州。谁知典韦抢粮，走到半路上，反被一伙强盗连粮带马匹都抢了去。典韦哪肯服气，找到强盗的头头算账。这强盗头，身高体大，头如麦斗，眼似铜铃，胯下一匹马，手中横一口大刀。那刀跟别人不一样，刀尖特别长，往回倒卷着，刀背上的还有八个大金环子，一抬刀嘎嘎响，一落刀哗哗一声，特别吓人，这叫九耳八环象鼻子刀。典韦催马到了他的跟前，高声问："你为何抢了我的粮草和军马？"

强盗头说："想抢就抢，不为什么。"

"赶快还与我来！"

强盗头微微一笑，"哗啦啦"，把手中刀一横，说："你要胜了俺手中这口刀，俺就把粮草、军马归还于你！撒马过来吧！"

两人催开战马，打了起来，这一打不要紧，一百个回合不分胜负。探马飞报曹操，曹操吓了一跳，心想："怎么有这样的猛将？我去看看。"他催马来到阵前，仔细一看，赶快吩咐："鸣金调典韦回阵。"

一声锣响，把典韦调回来了，典韦奇怪地问："我并未输与他人，因何调我回阵？"

"典韦将军，你附耳过来，如此这般。"

"咳！"典韦明白了，"待我再去与他战上三百回合！"

"且慢！明日再战不迟。"

第二天一早，吃过了早饭，典韦又来到山前，把那强盗头叫了出来。

强盗头冷笑："手下败将，撒马过来！"

两人又打起来，战了四五十回合，典韦拨马就跑。强盗头随后就追，追着追着，就听耳边"哗啦啦"一响，绊马索绊住坐骑，连人带马掀翻在地。

几个军卒过来，绳捆索绑就把他带进了中军大帐。

曹操见了，喝退军卒："闪开！岂有此理！"亲自下座给此人松绑，请到上座，置酒款待。一问姓名，此人姓许名褚，字仲康。孟德听了大喜，道："仲康将军，我久仰你的大名，你不是力大无比，倒拉八匹马、倒拖九头牛的英雄吗！孟德只恨相见太晚，万望将军帮我，共谋大事。"

当即拜许褚为帐前都尉。许褚素闻曹操大名，早有归附之心，自然高兴。曹操命许褚为副先锋，跟典韦同取兖州。他们到了兖州城下，许褚对典韦说："主公这般看重于我，我当竭力尽忠才是，先锋可否让我打第一仗？"

典韦十分爽快，点头答应，一声炮响，许褚催马来到关前讨战。

薛兰抢粮刚回，听说曹兵前来叫战，满不在乎地说："什么？曹操派兵又来兖州？好哇，我正想要去生擒曹孟德交与吕布，他反倒自己送上门来，待我走一遭。"

他不管深浅，率领人马就杀出城来。一见许褚，互通姓名，二马盘桓，四个回合后薛兰就被许褚一刀劈于马下。典韦见许褚得手，挥军掩杀，片刻之间，曹兵就进了兖州，曹操自领中军也到了。稍事歇息，又命典韦、许褚乘胜兵取濮阳。

消息传到濮阳，陈宫就对吕布说："将军，曹兵此次攻打濮阳，我们只要闭门不出，固城坚守，消耗曹兵的粮草，让他们撤兵罢战，就算我们得胜。"

吕布不听，只道："曹孟德是我手下败将，他来濮阳又奈我何？"

曹操领典、许二将一到濮阳，吕布就领人马迎了出来。曹操派夏侯渊、夏侯惇、曹仁、曹洪、李典、乐进、许褚、典韦八员大将，轮战吕布。这一招果然有用，俗话说：双手难敌四拳。这么多的勇将齐战吕布，不到二三十回合，吕布支持不住了，虚晃一戟，败下阵去。

回到城门口，吕布抬头一看，吊桥高高扯起，不能进城。吕布正在奇怪，城头上有人高喊："吕布，濮阳已经献给曹将军了，哈哈哈！"吕布定睛一看，正是濮阳首户田迟。

原来，田迟趁吕布与曹操大战之际，开关献城，曹操乘机杀进城中，占了濮阳。吕布又气又急，就要攻城。哪知城头梆子一响，乱箭齐发。

吕布无法，只得落荒而逃。走到郊外，正碰上陈宫保着吕布的家小打濮阳西门逃出来。濮阳丢了，怎么办？吕布和陈宫商议，只好到定陶去立脚安身。

吕布刚到定陶，曹操的人马又潮水般涌来了。吕布不听陈宫的劝告，开城迎战，结果又被杀得大败，把个小小的定陶也丢了。这回到了上无片瓦、下无立锥之地的地步，吕布只好去投徐州刘备。刘备得报，领众文武出城三十里迎接，并让出小沛给吕布驻扎。这样，吕布才算有个安身之地。

曹操打败吕布，平定了整个山东。这时，曹操写表进京，向天子表示自己的忠心。这些年来，曹操和朝廷从来没有断过联系，朝廷得到曹操的表奏，就加封曹操为建德将军、费亭侯。

如今，李傕、郭汜在朝掌着大权，可是，事隔不久，李傕、郭汜之间起了内讧，二人在京城打了起来。结果，李傕把皇帝劫到了郿坞，郭汜就把众文武大臣扣押起来做人质。两人你来我往，杀了好几个月，弄得长安更加动乱不堪，这就是历史上有名的"李傕、郭汜大交兵"。

幸亏国舅董承和杨奉、徐晃从李傕手中救出皇帝。董承、杨奉等保着皇帝到处奔跑，几经辗转，最后又回到洛阳。李傕、郭汜听说皇上到了洛阳，又联合起来，兵进洛阳，打算把皇帝杀了，然后二人平分天下。

献帝闻报，心急如焚。太尉杨彪奏道："如今天下能制服李傕、郭汜的，只有山东曹操。请陛下宣诏曹操入朝，以辅王室。"献帝点头，连夜下诏书，派使臣到山东去请曹操。

使臣刚走，李傕、郭汜大军已到洛阳。天子吓得魂不附体，不知如何是好。

杨奉说："万岁勿忧，待我与二贼决一死战。"

董承说："不可与二贼交战，洛阳城郭不固，兵甲不多，粮草全无，如何拒敌。只有保护陛下去山东投曹操，才是上策。"

献帝就照董承的主意办事，连日起驾，往山东进发。刚出洛阳，只见征尘蔽日，金鼓喧天，正是曹操派来的典韦、许褚、夏侯惇三员大将。典韦等见李傕、郭汜的兵马追杀圣驾，不敢犹豫，一齐上前，把李傕、郭汜杀得大败。

李傕、郭汜二人还没明白过来，曹操的主力就到了。曹操手持宝剑，催开战马，身先士卒，追杀李傕、郭汜。不到半天工夫，李傕、郭汜的数万人马，就被曹操消灭了八九成。李、郭见大势已去，就带着残部上山落草为寇去了。

曹操把天子请回洛阳，让自己的人马驻扎在城外。这天晚上，一位大臣来见曹操。此人姓董名昭字公仁，曹操久闻董昭的大名，欣然相见。谈话中，董昭给曹操出了主意说："洛阳已经荒废成这个样子，实在不是居住之地。依我浅见，明公最好把圣驾迁到许都。"

曹操喜上眉梢，赞许说："正合吾意。"

第二天，曹操奏明献帝。献帝和文武百官畏怕曹操的势力，不敢不准，听从曹操主张。曹操马上命人收拾起程，拥着献帝迁往许都。

半路上，遇上杨奉。杨奉见曹操拥天子和百官迁都，领兵阻拦。杨奉怎么到这里来了？自从曹操救驾到洛阳以后，杨奉怕曹操容不得自己，就带着韩暹和徐晃驻在城外。现在，杨奉见曹操拥帝迁都，仗着手下有大将徐晃，要与曹操见个高下。不想曹操先派满宠收降了徐晃，然后把杨奉杀得大败，杨奉、韩暹只好投奔袁术去了。

没多久，曹操保着献帝和百官来到许都。稍稍安顿下来以后，曹操就命人造宫殿、立宗庙、修省台司衙门。接着，曹操自封为大将军、武平侯，并封荀彧为侍中、尚书令，荀攸为军师，郭嘉为司马祭酒，刘晔为司空仓曹掾，毛玠、任峻为典农中郎将，程昱为东平相，范成、董昭为洛阳令，满宠为许都令，夏侯惇、夏侯渊、曹仁、曹洪都封将军，吕虔、李典、乐进、于禁、徐晃为校尉，许褚、典韦为都尉，凡是曹操旧部，都连升三级。

从此，朝中大权都姓了曹，朝廷大小事情，都得先问曹操，后问天子。

这天，曹操在后堂设宴，把自己的谋士武将全请来。曹操对大家说："列位，如今大事虽然已定，老夫还有心腹之患，列位知与不知？"

众人忙问："不知明公所患者何人？"

"吕布自从在定陶被老夫杀败以后，走投无路，但吕布藏虎狼之心，徐州刘备是当世的枭雄，如果他们联合与老夫抗衡，我如何对付得了呢？"

许褚接口说："请丞相借给我五万人马，我即去徐州取刘备、吕布的人头献于案前。"

荀彧笑说："许将军光知用武，并非好办法。明公，我略施一小计，刘备和吕布可除。刘备现在虽然统领徐州，但他的官是陶谦让给他的，未得朝廷任命。现在，请明公奏明天子，下一道诏书，正式让刘备当徐州牧，领将军衔。刘备得到好处，必定感激明公。明公再给刘备写封密信，叫他借机把吕布杀了。吕布知道刘玄德要杀他，一定和刘玄德反目。这叫'二虎争食'之计，请明公裁夺。"

"先生高计教我，太好了！"三天后，曹操派使者持诏书和密信赶奔徐州。

刘备见朝廷使臣到来，马上摆香案接旨，这才知道朝廷封自己为徐州牧，并加封征东大将军。刘备自然高兴，盛宴款待使臣，使臣在席前对刘备说："玄德，曹将军待你甚厚，总在天子面前夸赞你，说你心怀大才，胸藏大志。临来之时，曹将军还给你捎来书信。"

说着，就把信交给刘备。散席后，刘备把使臣送回驿馆。回到内府，刘备打开曹操的信细看，才知道曹操要自己除掉吕布。事关重大，刘备就把关羽、张飞找来商量。

张飞按剑大笑，道："哈哈，太好了！早就应该杀了吕布这匹夫！"

"住口！"刘备朝他摆摆手，说，"此事机密，不能张扬出去。"

兄弟三人谈了半天，也拿不定主意。

第二天一早，吕布从小沛来了。他听说天子下诏书封刘备为徐州牧，领征东大将军，特来祝贺。刘备赶忙把吕布接进大堂，命人摆酒款待。刚把酒宴摆下，张飞大踏步闯进厅堂，抽剑在手，厉声说："吕布匹夫，休走，看剑！"

"啊！"吕布不知何故，吃惊地问，"翼德将军，这是为何？"

刘备赶忙叱道："翼德，大胆！不许无礼，还不与我退了出去！"

"咳！"张飞提着剑不走。吕布走到张飞跟前，问道："翼德将军，你为何非要杀我？望说个明白。"

"非是俺张飞要杀你，是曹操写信给我哥哥，说你是个不义之人，要我哥哥动手除了你！"

刘备急忙把张飞推出厅外，然后把曹操的信给吕布看了。吕布看完信，哭了，道："玄德，这是曹操在离间你我二人。玄德，请你把我捆绑起来，装入囚车，送往许都。"

"兄台放心，刘备不是那种不义之人，我绝不会做出这种事来。仁兄，你只管回小沛，我自会对付曹操。"

吕布谢过刘备不杀之恩，自回小沛。刘备刚把吕布送走，关羽、张飞就进来了。张飞满脸的怒气，说道："哥哥，你怎么把吕布放了？别说曹操有信叫我们杀他，就是没有曹操的信，我也早就要杀他了。"

"你知道什么？"刘备说，"翼德做事过于鲁莽，容易坏事，以后不许这样。曹操要我除去吕布，这是曹操之计！"

"啊！"张飞愣了，"怎么是计呢？"

"如今曹操挟天子驾许都，称霸于朝廷，他所虑者就是我和吕布，所以才给我来这封信。如果我把吕布杀了，不是除了曹操一患吗？如果我做事不密，吕布就会杀了我，也算除了曹操一患，这叫'二虎争食'之计。"

关羽、张飞明白了其中的奥妙，都去了杀吕布的念头。

第二天，刘备送使臣回许都，上表谢恩，并给曹操写了一封回信。刘备的信写得很客气，信中说现在他不得下手，要杀吕布，只能慢慢计划。

使臣回到许都，把信交给曹操。曹操看了，知道"二虎争食"之计未能得逞，急忙把荀彧找来，问道："荀先生，'二虎争食'之计落空了，刘玄德没杀吕布，这如何是好？"荀彧把刘备的信看了一遍，说："刘备的心眼儿多，看来得另设一计才行。"

"再设何计？"

"明公，你再借皇帝之名，下一道诏书给刘备，让他由徐州起兵，去打袁术。同时，再写一信给袁术，说刘备要打他。袁术的脾气非常暴烈，见了此信，必定起兵徐州。他们两家打起来，吕布必生异心，此乃'驱虎吞狼'之计。"

曹操说："好！妙计！妙计！"随即把诏书下到徐州。

刘备收到诏书后，知道又是曹操在借刀杀人，便把诏书拿给吕布看，吕布说："这是曹老贼在施计，玄德，这样吧，我去投奔袁绍，小沛还给你，省得再给你惹麻烦。"

就这样，吕布投奔了袁绍，刘备虽已领徐州牧，但仍回小沛驻扎。

吕布貂蝉，两地情思

貂蝉连打了两个喷嚏，心想这是谁在念叨我呢？又一想，一定是她的夫君吕布。除了他，谁还会念叨她呢！这么想着，她手中的针线就停下了。现在是二更时分。在常山，吕布在军帐里，被一片槐花的香气包围着难以入寐；而在邺城，在貂蝉的房里，她同样嗅到了清风送来的槐香而了无睡意。

在这漫长的初夏之夜，女人打发寂寞的最佳法子便是刺绣。她现在绣的是一副手套——露半截手指，半截手指的部分是栗色，其他部分则是柿色。在手掌处，用黑白赤三色丝线刺绣云纹和对鸟。

这手套无论款式和图案的设计，都是颇精美的。一千八百年后，马王堆里出土的类似的一副，还令人叹为观止。

这副手套，早在长安时便已开始刺绣，可直到现在也未完成。本来上个月就该完成了，却不曾想，某一天突然莫名其妙地少了一只。

少的是右手的一只，绣的是头朝左的鸟儿。

她清楚记得，手套连同针线都是放在竹笥里的，可翻天覆地地找，就是找不到了。不会是猫或鼠叼走了吧？倒也不会，猫或鼠是进不去的，那又会是谁偷去了呢？

能进入她这房的，不外乎家里的几个女人：百合、胡桃和老妈子。可她们不偷首饰不偷钱，偏偷一只手套，岂非咄咄怪事！

她细细地一想，觉得可疑的人物，无非是百合。因为这副手套，她是为吕布绣的，没准儿百合会产生嫉妒。百合的嫉妒，自然是由"争宠"引起。

没办法，重新绣一只吧！

所以，这副手套直到现在也没有完成。

现在，当她在烛光下飞针走线的时候，她难免便会回忆起已逝的岁月。从"先零羌"族的那个小姑娘在马厩里跟老母马说悄悄话开始，然后是这个小姑娘看着她的父亲、她的母亲的头颅掉落在董卓的杀戮狂欢中，她在王允的堂里弹奏箜篌，她为吕布侑酒，为董卓跳"盘鼓舞"，凤仪亭幽会，"万岁坞"惊魂，三千里风尘路……

她的经历波谲云诡，就像她针线下的花纹。但她感到非常幸运，因为，毕竟上苍赐给了她如意郎君。她希望她和吕布能像这对鸟儿一样比翼双飞，白头偕老……

她的红丝线用完了，又续上一根。

现在，她在手套上看到了吕布的身影。他骑了赤兔马，挥舞画戟，在疆场上呐喊、驰骋。金冠上那颗樱桃似的明月珠（那明月珠原是贴在她胸上，随了她的心一起跳动的），在滚滚烽烟中闪闪发光。可是箭如飞蝗般射来，敌兵团团将他包围。他的前面是壕堑、是湍湍急流、是悬崖……啊！她不敢再想下去。赶紧拍一拍怦怦急跳的胸膛，抬起头看看窗外景色，以平复紧张的心情。

窗外，月光下槐花如雪。

当她继续刺绣的时候，忽然有了一种颇深奥而且颇富诗意的发现。她觉得人的苦难呀，真如丝线般的长；幸福呀，却如针尖般的短。而这针尖般的幸福呀，化作了云烟中的鸟儿……

"笃！笃！笃！"此时房门响了几声。

貂蝉"扑"地吹熄了灯烛，吓得她牙齿"得得得"地打战。

"笃！笃！笃！"房门又响了几声。

貂蝉摸索着穿好了衣裳，又从席底下摸出了常备的匕首，这才大着胆子压低了嗓音，隔着窗子问："你是谁？"

"我是……我是高顺，给你家守大门的。"——声音也是压低了的。

高顺？守大门的？貂蝉记得是有这么个人：二十岁出头儿，相貌俊秀，长一对小虎牙，经常挎一把刀在门口踱来踱去，从来不向她瞟一眼，总是严肃得很，看样儿大小也是个军官。偶尔也见他向手下的兵们训话，虽板着面孔，但小虎牙一龇，就带了笑模样，不叫人害怕。半夜三更的，他敲门做甚呢？

"你，你要做什么？"

"夫人，你开开门，我有要紧话说。"

"开门？"貂蝉心里话：他要我开门，分明是有不良之心！就说："高将军，有话明天说吧。"

"不行！白天人多眼杂不方便。"

"哎呀，你这话何意？高将军不要这样！"

"啊呀，夫人！你想到哪里去了！我真是有要紧话，关于你全家的性命呢！"

"啊！真的？……"貂蝉想了想，将信将疑，就说，"你等等，我在窗上铰个洞……"

"那，好吧。"

貂蝉就把窗纱铰个洞，然后把耳朵贴上去。少顷，就有声音从洞眼儿传过来："夫人，我们袁将军心存不良。他把吕将军派至常山讨'黑山贼'，实则要加害予他。一旦贼灭，即杀他以向朝廷邀功，然后将夫人您攫为己有……"

貂蝉一听，立刻心颤得厉害。说真的，她可一点也未觉察出袁绍有此恶意。她倒觉得袁绍对她很尊重，也很照顾；不但供应一应生计之物，而且专派门外的这位高顺，带了兵士把守大门，防止坏人骚扰。如果高顺说的是真，那可如何是好？

高顺还说："袁将军训养的'侠士'——就是刺客，很可能近日就要启程去常山，吕将军危在旦夕呀！"

貂蝉听到这里，害怕得快支撑不住了，便问："那，你——你有什么办法，可以救他？"

"若要我替吕将军打算，那便是夫人您和您家里其他人，悄悄潜逃出城，去找到吕将军，远走高飞。"

"可是，如何才能逃出去呢？"

"是呀，他们对您看得太紧，说实话我就是袁将军派来监禁您的呢，您的一举一动他都知晓。他早就对夫人您垂涎三尺，他之所以尚未动手霸占您，那只是因为吕将军现在还活着。他认为，如果将一个还活着的部属的夫人纳为妾，那实在是寡廉鲜耻、有悖天理人情和为将之道，这在其他部将面前无法交代。然而，如将死去了的部属的夫人接到家中收养，那不仅是对生者即夫人您的'恩惠'，也是对死者即吕将军的'安慰'，他这一手忒毒呀！夫人，您难道毫无察觉吗？"

貂蝉的确毫无察觉，说实话，吕布刚走时，她也并不是没有过担心：如果袁绍也跟他的从弟袁术似的，借个"教筝"啦、"赏花啦"什么的由头，把她骗到某处，硬行奸污，那她可真是"叫天天不应、叫地地不灵"呢！没想到，吕布走后一直风平浪静。清明时节，袁绍的夫人设宴，招待出征将军们的夫人，袁绍也到场儿坐了一坐，袁绍只是夸了句：貂蝉夫人果然"艺色双绝"，而并不是如袁术那样看她时眼里冒火，过后她还暗自念叨：谢天谢地！多亏投奔到这里来了呢！

想到这里，貂蝉说："高将军，我夫君远在黑山，家里都是些妇道人家，能有什么办法？将军您能帮帮我们吗？"

高顺说："我来找您，就是这个意思。我左思右想，最好的办法，就是找个夜晚，您和家里的其他人，全都女扮男装出城……"

"那，我们能出得城门吗？"

"无妨，由我带你们走。夫人您心里先有个数儿，略做准备。或者明日，或者后日，听我的安排吧。"

"不知怎么谢谢您呢！"

"夫人无须客气。好，我先走了……"

等窗外无了声息，貂蝉便倚着墙壁瘫坐到地上。她脑里忽而电闪雷鸣乱云翻滚，忽而又是雪野茫茫一片空白。稍稍沉静下来之后，她又想道："这个高顺，究竟是好人还是坏人？他为何要来告诉我这些？他与我家非亲非故，凭什么要来搭救我们呢？如果他居心叵测，把我们拐走，又如何是好……"

然而，高顺说的至少有一点是对的，那就是要对袁绍有所警惕，"害人之心不可有，防人之心不可无"。总之她与吕布分居两地不是好事儿，她必须尽快与吕布在一起。只有见到吕布，她才能放心！

第二天一早，貂蝉到百合的房里，跟百合讲到了夜来发生的事情。百合惊得哀号一声，煞白了脸，下意识地就把怀里的孩子搂得紧紧。

百合说道："姐姐，你说这姓高的，不会耍弄花招儿，勾引着姐姐你跑了吧？"

这可真叫貂蝉无法回答，她只能红着脸连连摇手说"不会"。

貂蝉回到自己的房，搂着枕头冤冤枉枉地哭了一场。又想，这不是哭的时候。毕竟高顺说了袁绍的阴谋，她得为吕布，也为自己早做打算的。她觉得应当到门口看一看那个高顺，试探一下。

便洗去泪痕，来到大门口，看到把门的两个老兵正倚着棵槐树说闲话，高顺却不在。其中一个老兵问："夫人要出门做什么？"貂蝉说："不出门，我想吃槐花。"另一个老兵忙献殷勤说："这无须夫人动手，我来吧！"

那老兵爬树摘槐花的当儿，貂蝉问树下的那位："你们那个长小虎牙的头目，他今日没来吗？"老兵说："你是说高军侯吗？他不像我们似的轮班值岗。他也许来，也许不来；也许白天来走走，也许夜晚来走走，不定准儿。"

貂蝉心里想：他今日不会来了，等等夜晚再说吧。就取了老兵摘下的槐花，又转回房来。

这夜，她未绣手套，只是在暗中睁着眼，谛听房外的动静。

约二更时分，高顺的声音又在窗外响起："夫人，我是高顺。昨夜我说的事，您想好了吗？"

貂蝉说："还未想好，要不，你来屋商议？"

窗外沉默了一会儿，却说："不了，还是在外面说吧。"于是嘴巴与耳朵通过那窗洞贴到了一起。

貂蝉单刀直入地问他："你为何要救我们？"

高顺说："我钦佩吕将军，呃，当然也钦佩夫人您。"

"我有何值得钦佩的？"

"您是乱世中的巾帼英豪，我愿意跟着吕将军和您走！"

"你不会骗我吧？"

“如骗夫人，天诛地灭！”

“那，我们如何走呢？”

“后日寅时二刻，你们可扮作男士，骑了马——你会骑马吗？”

“我会，别人也会。”

“那就好，你们女扮男装的都骑马，其余的坐车。不过，皆须披麻戴孝……”

“披麻戴孝？”

“对，还要用车拉一口棺材，你们可以把所带的衣物放到棺材里。寅时整我来这里，将值岗的兵们支开，然后我带你们一起走。”

“那棺材和车，怎么办？”

“棺材此院后园墙角的库房里便有，车辆由我准备。”

“那……”

“夫人还有什么事吗？”

“说实话，我很感激你，可我，我……”

“夫人，我知你怀疑我。不过，此事你一定要打定主意。后日如再不走，只怕袁公所养的‘侠士’就该出发了，我们一定要赶在这些刺客的前头！”

“好吧，我相信你！”

在高顺的帮助下，貂蝉及其他吕布的家人顺利回到吕布身旁。

「巾帼红尘」系列

风华绝代——

貂蝉

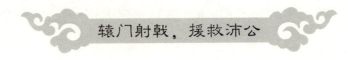
辕门射戟，援救沛公

少年将军手持方天画戟，跨在赤兔马上，率领千军万马，纵横驰骋，这如画的锦绣河山，在他神出鬼没的方天画戟的威逼之下，统统归他所有。于是，少年将军戴上皇冠，手挽如玉美人，缓缓走向一个金碧辉煌的宝座。他的身后，是此起彼伏、震天动地的高呼"万岁"之声……

吕布的想象绚丽多彩，却被一声长长的叹息中断，化作一个个慢慢散去的光晕。

那个长长的叹息听起来都是那么的清脆悦耳，不是貂蝉在叹息又会是谁呢？

吕布转过身，循着消失的叹息声走去。

叹息之声是从吕布的书房中传来的，他将门轻轻地推开。

貂蝉坐于窗前，手持画笔，凝眉紧蹙。她的前边，铺着一张画纸，画上一轮明月在缥缈的云中半遮半露，一剪梅花在月下怒放。梅花之下，流水潺潺，凝视画面片刻，便仿佛能听见流水声呼呼作响。一只鹦鹉，栖于梅枝之上，被那轮圆月所笼罩，凄清、孤独、无依无靠……

貂蝉正沉浸在天边的沉思之中，丝毫没有觉察吕布进来，她的画笔高举在空中，迟迟不肯落下……

吕布悄悄走近貂蝉，伸出手，猛地将画笔从貂蝉手中夺过。貂蝉先是一惊，回头一看是吕布，便又一笑。

虽说貂蝉与吕布相处已久，共同经历过无数次出生入死，吕布却依然被那动人的一笑弄得神魂颠倒，伸出双手，就要去搂抱她那纤细如杨柳般的腰肢。

貂蝉将身闪开，愁云旋即又紧蹙于眉间，吕布见她郁郁寡欢，便问："蝉儿怎么不高兴了？"

貂蝉默默无言。

吕布又低头看画，略有所悟，问道："这幅画上的鹦鹉为什么形单影孤啊？来来来，我给你画一只，让它成双成对。"

貂蝉将笔挪开，她知道吕布对诗画音律一窍不通，便道："要让你画，岂不把我一早上的光阴都糟蹋了。"

吕布原本也就没有真的想画，只是想同貂蝉逗乐，他朝貂蝉挤挤眼睛，说："那你画啊，画啊。"

貂蝉将笔一掷，长叹道："要真能再往上画一只就好了。"

吕布是个粗人，对貂蝉此时孤独寂寞的心境一无所知，根本无法体会，心想：女人真是奇怪，总有那么多的举动让人捉摸不透。

他转过身，便欲离去。

貂蝉却像一朵彩云一般扑进他怀中，娇嗔地说："阿布，带我出去玩吧，我在家里闷得慌。"

春天的原野，铺洒开无边无际的绿色，远方的青山如烟如黛。原野上的水洼，像镜子一样清澈、明亮，照得出人影。天空是蔚蓝色的，天上的白云白得刺目。

貂蝉偎依在吕布怀中，赤兔马载着他们，在春天的阳光下欢快地驰骋，随行的车队和骑士，被他们远远地甩在了后边。

貂蝉仰起头，望着吕布那张白皙、英俊、沉毅的脸，心中涌出无限爱意。世上有几个女人，可以像她这样，被一个潇洒威武的英雄爱着，搂着，在原野上奔腾驰骋？能和他拥有那么一段美丽的日子，一生也就知足了，也就无怨无悔了。

吕布发现了貂蝉缠绵的目光，脸居然像初恋的男孩子，"唰"的一下红了起来，直发烧。貂蝉的脸庞此时像桃花一般灿烂、迷人。他禁不住将头深深地埋下去，去亲吻貂蝉那温软、湿润的嘴唇。

貂蝉伸出双手，勾住了吕布的脖子，无比热烈地去迎接他的亲吻。

眼前浮现出一片茂密的桃林，桃花已经盛开，像彩云一般连成了一片。赤兔马跃入桃林之中，便仿佛跃入了彩云中一般。

盛开得灿烂的桃花让人眼花缭乱，吕布止住赤兔马，将吊他脖子上的貂蝉抱下。他们相拥相抱着，倾倒在桃树之下。

一阵风吹过，桃花瓣儿漫天飞舞，好像满天的雪花，将他们淹没。

暖熙的风拂面而来，桃花像抖动的花布一般挥舞起来，又令人眼花缭乱地飘落。他和她，被那桃红色的锦绣覆盖。醉人的花香，四处飘散。

因为吕布、貂蝉的到来，栖凤城变得春光明媚，婀娜多情。

吕布、貂蝉每天都骑着赤兔马，在以桃花闻名于世的栖凤城中闲游，乐而忘返，他们在栖凤城度过了一生中最美好的一段时光。

栖凤城与刘备驻地小沛城紧紧相依。刘备一封凄凄惨惨的书信，宣布了这段美好时光的终结。

刘备的书信是这样写的："伏自将军垂念，让我在小沛安身，其实仰仗的是将军义薄云天的盛德。今袁术欲报私仇，派遣大将纪灵领兵前来小沛。小沛危在旦夕，非将军不能相救。"

吕布看完书信，与陈宫计议道："刘备屯兵小沛城，到目前为止还不能与我们匹敌；若袁术与刘备合并，又北连泰山的各路人马前来攻打我们，我们必不能敌，不如我们出兵去救刘备。"

陈宫点点头，说道："不过我军主力还在徐州，栖凤城兵微将寡，要将主力搬到栖凤城来救刘备，也需几天时间，何况也没时间充分准备。现在若要救刘备，只能动用栖凤城的兵马。袁术军队来势凶猛，我军人马同刘备人马合在一起，不到袁术军队的五分之一。仓促应战，我们不但无法救刘备，反而自取灭亡。"

吕布说道："那么我们只能坐视刘备灭亡了？"

陈宫摇摇头："刘备还是要救的，我现在倒有一计。"

纪灵率领袁术大军，烟尘滚滚地奔小沛城杀将而来。

经过吕布驻地栖凤城时，只见栖凤城城楼上旌旗飘扬，刀光剑影，无数士兵的盔甲在阳光之下闪闪烁烁。凝神细听，城中马嘶之声不绝，军队操练的号声不绝。平静的栖凤城，蕴含着无限杀机，如临大敌。

纪灵派出探子混入栖凤城中，探子回来报告说栖凤城中兵精粮足，磨刀霍霍，仿佛要同谁决一死战。

纪灵得到情报大惊，对他的手下说道："看来刘备已经向吕布求救，吕布搬来了精兵强将，要同我们展开一场大战。我军远来，身体疲乏，他们要是两面夹攻，我等必败无疑，这可怎么办？"

纪灵手下献策道："吕布同我主有过协议，要将他的女儿嫁给我主。虽然至今没有实现这个诺言，但他同我主多少还有些姻亲关系。主公可写信给吕布，责怪他言而无信，让他不要出兵。"

纪灵拍手道："此计大妙。"

纪灵急忙写了一封快信，叫人快马加鞭，连夜奔赴栖凤城，送交吕布。

纪灵很快收到吕布回书一封，要他到栖凤城中做客，一叙寿春城别后之情。

纪灵得到吕布回信后禁不住大喜，对他的手下说："只要吕布不出兵，刘备迟早要成为我的刀下亡魂。吕布请我，必是要同我军和解，这真是上天相助啊。"

纪灵慨然答应奔赴吕布的栖凤城之约。

这天黄昏，天边像燃起了一场大火，一轮血红的夕阳，在大火中冉冉下沉，晚霞熊熊地燃烧着，红光将大地染红。

纪灵在两名武士的陪同下，进入栖凤城中。

远远地，纪灵看见吕布头戴紫金冠，身穿金甲，披着猩红色的披风，昂然向他走来。他的身后，是一群锦衣花帽，看上去很博学的雅士，簇拥着吕布前来。

纪灵心中一惊，心想："这大概是吕布的智囊团了，短短的一年时间，他搜罗的人还真不少。"

他想着，吕布早已迎上前来，微笑着对纪灵说："将军别来无恙！"

纪灵连忙还礼，吕布手一挥，将他迎入城中。

不久，纪灵便到了吕布府上。只见文官武将，各穿锦衣；帐下偏裨将领都披银铠，分两行来迎接纪灵。

纪灵心中暗自庆幸没有同吕布贸然开战。

进入吕布居所的中堂，纪灵禁不住大吃一惊。刘备坐于中堂左侧，关羽、张飞分别立于刘备左右。纪灵与刘备四目相对，纪灵发现刘备的目光中，也露出无比惊愕的神情。

气氛在他们的对视中顿时变得紧张起来，关羽、张飞的目光像烈火一样喷向纪灵。纪灵终于承受不住六束目光的攻击，转身欲走，就像一只遇到险境转身欲脱身逃命的乌龟，慌不择路。

"公台慢走。"吕布伸出大手，拎起纪灵的衣襟，像拎一只小鸡似的，将纪灵抓了回来。

纪灵被吕布拎在半空中，手脚四处乱抓，活像一只任人宰割的可怜的羔羊，他大叫道："将军要杀我吗？"

吕布哈哈一笑，将纪灵一把抛在地上，说道："不是。"

纪灵心里稍稍放下了一些心思，又问："莫非要把刘备杀了？"

吕布摇头。

纪灵大感不解，问道："那又是为什么？"

吕布说道："刘备和我是兄弟，现在为将军所困，所以来救他。"

纪灵便道："那还是要杀我了？"

第五章　鸿门冷宴，爱与恨的徘徊

吕布愤然变了脸色，说道："我和袁术是亲家，哪有自家人斗自家人的道理？"

纪灵更加困惑。"那究竟是怎么回事？"

吕布说道："我吕布平生不好斗，只好解斗，我是来为两家和解的。"

纪灵又问："怎么个解法？"

吕布打了个哈欠，说："今晚我们免谈此事，只顾饮酒，明日我自有道理。"

吕布说着又叫出陈宫，对他说道："这些人都是我的朋友。公台可用我的佩剑做监酒：今日宴请，只叙朋友交情，如有提起打仗事情的，斩！"

陈宫点头答应，持剑归座。

纪灵不知道吕布到底是什么打算，他只能从剑的寒光中感到丝丝寒意，心中惶恐不已。他想：既来之，则安之。于是他与两位随行的武士落座。

刘备三兄弟坐在纪灵的对面，他们望着纪灵，心中也如十五只吊桶——七上八下。刘备事先接到吕布的邀请，要他来栖凤城中观看桃花，以为吕布愿助自己一臂之力，欣然而来，不料却与敌军将领纪灵面面相对，且不能兵戎相见，吕布想干什么？

空气紧张得要爆炸。

吕布举起酒杯，说道："我自从去年秋天以来，滴酒不沾，今天见了故人，又没有什么疑忌，当一醉方休……"

吕布说罢，开怀畅饮。座上觥筹交错，但似乎仍无法驱散弥漫在空气中浓浓的火药味。

吕布对这场面似乎早有准备，这时天色渐渐暗下来，吕布命手下点上灯，然后离席，从手下将士鞘中取出一把佩剑，先把脸转向桃园三兄弟，再把脸转向纪灵，说道："在座诸位，都是当今的英雄豪杰，今天的聚会，取名为'群英会'，如何？".

吕布说完端起酒杯，一饮而尽，说道："我吕布不通诗书音律，却好歌舞。近来胡乱作了一首诗让贱内谱成了歌，今日相聚十分难得，我在这儿献丑了。"

刘备闻言，带头鼓起掌来。

中堂上的将士，也跟着鼓掌。

纪灵无奈，只好附合着拍了几下手掌。

吕布便将手中那一把剑，游龙惊风一般挥舞起来，雄浑的歌声飘扬而出，使他那少年俊逸的身姿，愈显无限风采。

明月缓缓爬上树梢，桃花香味在晚风中拂面而来，吕布矫健的身姿和神出鬼没的刀光剑影，使在座的宾客们无不看得如醉如痴。

关羽手持着青龙偃月刀站在一侧，心中暗暗喝彩："果然好身手。"

张飞直翻白眼，心想："这个小白脸，使这些花拳绣腿干吗？我又不是没见过。"

纪灵不停地思忖：今晚可别把小命折在栖凤城中了。

吕布收剑归席，拱手道："我不胜酒力，舞得不好，见笑了。"

众人半天没缓过神来，吕布又说："为庆贺今宵聚会，我把贱内貂蝉叫出为诸位歌舞一番如何？"

众人大声说道："这样最好。"

吕布将手一拍，顿时笙簧之声飘扬而起，缭绕在堂柱之间。一阵异香拂面而来，众人顿时都飘飘欲仙。

再抬头时，人们不禁瞠目结舌，一个身穿彩衣的女子，翩然而出。她轻举衣袂，晚风将她的衣带吹得飘飞起来，有如嫦娥下凡。她轻舒歌喉，便似玉佩相撞之声，清脆悦耳。她身形窈窕，妩媚似岸边的杨柳，袅袅婷婷地向人们走来。人们仿佛觉得是迎着风飘移过来的一株杨柳，如此的亭亭玉立，清新而又让人陶醉。

她那让人怦然心动的目光从人们脸上扫过，中堂顿时鸦雀无声。

她的目光与刘备的目光相接，刘备心中顿时升起一团烈火。

貂蝉的目光掠过张飞，张飞马上换了一副笑脸。

纪灵垂下了眼，不敢去接貂蝉的目光。他不敢去面对美丽的貂蝉，他的内心怯懦、自卑。在貂蝉的目光里，他变成了一只缩头乌龟。

貂蝉且歌且舞道：

昭昭素明月，辉光映我床。

忧人不能寐，耿耿夜何长！

悲声命俦匹，哀鸣伤我肠。

感物怀所思，泣涕忽沾裳。

貂蝉的歌声，仿佛飘过来的阵阵清风，吹进人们的心中，使在座的诸人无不为之动容。

次日清晨，吕布继续为双方说和，纪灵就是不肯。吕布大叫一声："把我的画戟拿来。"刘备、纪灵都吓了一跳。吕布又说："我把画戟插到辕门外一百五十步的地方，如果我一箭射中画戟的枝尖，你们两家就不开打了。如果我射不中，打不打我就不管了。"纪灵有点不相信吕布能射中，刘备暗中祈祷。吕布取出弓箭，搭箭上弦，只听"嗖"的一声，吕布大喊一声："着！"那箭不偏不倚，正中画戟的枝尖，在场的人无不喝彩。吕布把弓扔到地上，笑着说："看来老天爷也不愿意让你们打仗啊！"

纪灵不得不带着兵马撤回，刘备与小沛城得救了！

第六章

红颜祸水，可怜天下英雄情

由于貂蝉的出现，才有了王司徒巧施连环计的佳话，才有了凶横无忌、权倾一时的董卓宫门前的被戮，才有了武功盖世的吕布白门楼上的殒命。她凭借自己的美貌和智慧，在诸侯争霸的战乱年代，周旋于各诸侯之间，同时，也毁掉了她的青春年华。

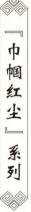

红颜多情，英雄无奈

仲夏，气候潮湿闷热。天空中乌云翻滚，不时响起石磨滚过一般隆隆的声音。只有知了有气无力地在枝丫间叫个不停，空气中间或飘来的丝丝热风在叫声中让人心情不安。

陈宫这些天快快不乐。

自从吕布进入徐州后，每日大摆酒席，会宴宾客。在酒肉的甜腻气味中，宋宪父子喋喋不休的赞颂之词，如热风一般吹入吕布耳中，把个吕布听得云里来雾里去。陈宫实在看不惯，便乘无人之机告诉吕布："宋宪父子当面捧将军，其心不可测，将军还是防一防为好。"

吕布一听勃然大怒，道："你无缘无故向我进谗言，是想诬陷好人吗？"

陈宫在吕布离去后，依稀看见了数月之后白门楼上旗倒兵溃的幻影，内心被恐惧所震慑，战栗着仰天长叹道："忠言不入，我辈迟早要遭殃的。"

陈宫从此每天带领几个人马，无所事事地在小沛地面上打野兔、山鸡解闷。他预感到了灾难的降临，然而他无可奈何，只能百无聊赖地等待着死亡的降临。

这日乌云黑沉沉地直压下来。时近黄昏，仍然一无所获，天空中开始飘起了雨丝，陈宫板着脸，不许任何人离开围猎场。

"嗒嗒"的马蹄声传来。

一个骑着白马的信使在林子间一晃，便同马蹄声一起消失了。

嗅觉一向灵敏的陈宫，一下子预感到白马信使的出现，是灾难即将降临的征兆。他命手下人打了个呼哨，那几个同他一起围猎的伙伴们，便弃了围场，朝他云集过来。

"我们抄近道堵住那个骑马的信使。"

陈宫口令一出，他的猎伴们的马便奔腾起来，跃上了小路。

雨丝变得更加细密，闪电不时掠过大地，一下子照彻人间，又使人间变得更为昏暗。

闪电似刀锋般一闪，闷雷滚滚而来。

亮光中，白马信使惊讶地看见高坡之上，有一帮人持刀搭弓在等候着他，闪电将他们映得惨白，仿佛是从天而降的天兵天将。

白马信使急急勒马回头，几个骑马的彪形大汉，已堵住了他的退路。

他成了陈宫这一天里所猎得的最好的猎物。

白马信使被陈宫推到了吕布帐下。

吕布坐在摇曳的灯影里，宛若天神，他一拍桌子，喝道："快说，你是谁的信使，为谁送信？"

在吕布的神威之下，白马信使脸色苍白，两腿颤个不停，直冒冷汗。他吐出一串浑浊的、不规则的语音，以表明他是个不能听不能说话的哑巴。

"你要送的信呢？"陈宫问道。

白马信使茫然地摇头，这便泄露了他的全部秘密，大凡哑巴也是聋子，白马信使摇头证明了他能听见别人的话，哑巴肯定是装出来的。

"搜！"吕布喝道。

两名卫兵拥上，摸索之手探遍了他的全身，但一无所获。

陈宫与吕布迷惘地对视了一下。

一丝狡黠的笑影掠过白马信使的脸庞。

雨丝飘飞进来。陈宫突然脑海中念头一闪，绕到信使的背后，抬起脚猛地一踢。

信使向前趴下，一个小小的丸球，从他腰带间滚下。

信使见状大惊，面如土色，竟开口说话了，喊着："饶命，饶命——"

陈宫用刀切开蜡封的丸球，一封黄色的帛书便从丸球里掉出来。陈宫将那帛书展开，递到吕布面前，吕布一看，顿时气不打一处来。闪电从帐外射进来，照亮了吕布的脸，陈宫惊讶地发现，吕布的脸变成了青紫色。

帛书上写着：奉明公之命欲图吕布，敢不夙夜用心。但刘备我兵微将少，不敢轻动。曹丞相若兴大军讨伐吕布，刘备当为前驱。谨严兵整甲，专待钧命。

"好个刘备，恩将仇报，胆敢图我？"

吕布怒从心起，撕碎帛书，拿起方天画戟。陈宫来不及阻止，那画戟已经重重地落在白马信使的头顶上。

雨"哗哗"而下，天空一个炸雷，将帐内的一切照亮。白马信使的头上，一股股殷红的血涌泉一般喷射出来，人像一段木头直挺挺地倒在了地上，血流如注。

陈宫眺望一眼帐外，银亮的雨点已经把一切都吞没了，耳边的"哗哗"之声响个不停。

吕布的人马像出窝的马蜂一般，开始四面出击。

陈宫、臧霸结连泰山绿林军，进攻孙观、吴敦，夺取山东兖州各郡。高顺、张辽直取沛城，气势汹汹地攻打刘备。宋宪、魏续西取汝州、颍州。

兵分三路，吕布亲自统领中军，作为三军的救应。

吕布的势力就如同天空中的积雨云一般，急剧膨胀。

高顺、张辽大军的到来使刘备惶惶不安起来，当即召集众将商议。

众人商议的结果只有一条路：速向曹操告急。

然而，曹操远在许都，且不说路途遥远，加之途中要经过吕布的地盘，没有大智大勇的人担此重任，也是无法将消息传给曹操的。

刘备十分担心地问道："谁可去许都告急？"

阶下一人闪了出来，他的青色战袍被风吹起，宛若旗帜，枣红色脸庞，远远望去好像一团燃烧的火，他的长须随风飘扬，神采飞扬。

此人正是刘备桃园三结义的义弟关羽。"大哥，事情紧急，我愿前往。"

刘备定定地望着他，眼前浮现起数年前桃园结义时的情景，他仿佛又沐浴在那诱人的灿烂阳光中，闻到了一阵阵似乎那一日特有的草香。叫关羽亲担此事，他实在有些不忍，但看帐中无他人可以任用前往，也只好应允，关切地说："二弟一路小心。"

满天的星光闪闪烁烁，远方的群山和城池在夜色中连绵起伏，巍峨壮观。

关羽风餐露宿，一路快马加鞭，许都仍像天边那颗星子般遥不可及。

夜走向深处。淡蓝色的雾从地平线上升起，关羽驱马向前，便被那层雾包裹住了。

奇妙的声音从四面八方传来。

关羽惊讶地发现，大地、群山、城池已缥缈不可知了，他仿佛坠于云雾之中。

马蹄声在静夜里清脆悦耳。

突然，马儿一声长嘶，双腿跪倒于地，昏昏沉沉的关羽一时没反应过来，整个身体就被抛了出去，青龙刀也哐当一声，落在远处，泛着明晃晃的光。

马儿中了绊马索。

草丛里，人声鹊起，几个持刀的人冲出，将关羽严严实实地缚住。

黎明时分，貂蝉正在镜前着妆，突然听见院中乱哄哄的，不知发生了何事，便走出去看。

貂蝉不看则已，一看大吃一惊。

厅堂的柱子前，一个身材魁梧、长须飘飘的红脸汉子，被缚在柱子上，双眼圆睁，嘴中大骂："我关某竟中了你们这些偷鸡摸狗小人的奸计……"

陈登手中握着皮鞭，扬扬得意地望着他，笑道："只等主公一回来，我就把你献出去……"

"夫人，我抓到了刘备的结拜兄弟关云长……"陈登点头哈腰地向貂蝉邀功请赏，吕布带军前往小沛，徐州城中的许多事情都是貂蝉说了算。

貂蝉心中像打翻了五味瓶一般，说不出是什么滋味，但她强作镇定，笑着对陈登说："陈将军抓住刘备主帅，立了一大功，解了我军心头之患，真是一件可喜可贺的事情。陈将军且先回去休息，派两个卫兵在此看守就行了。"

貂蝉另外还命人取出百两赏银，赐给陈登，陈登喜笑颜开地离去了。

陈登走后，院中只剩下捆在柱子上的关羽和两名看守的士兵。

貂蝉移动金莲走向关羽，关羽只是抬头望天，一股逼人的香气和温暖向他袭来，他的心怦怦直跳，但脸上的表情依然冻结一般，目不斜视。

"关将军……"

夏日上午的太阳，好烫。

圆月缓缓地爬上了枝头，夜幕降临了。

风带着貂蝉房中的脂粉气息，徐徐而来。关羽被缚于柱子上，却觉得自己成了最自由的人了，他似乎忘了自己还被缚在柱子上。

连日的风餐露宿，他终于累了，于是昏昏欲睡。

突然，有人将他推醒，他睁开眼，惊讶地发现绳子已被解开，月色当空，香风习习而来。

在皎洁月光的映照下，一个美丽动人的女子，如杨柳一般亭亭立于关羽面前，关羽只能仰头，不敢正视她。

　　"关将军，请屋里坐……"美人的声音像珠落玉盘一般，清脆悦耳，让人难以自持，激动不已。

　　是貂蝉救了他。

　　貂蝉为什么要救他？

　　他是她丈夫的敌人。

　　她为什么要救她丈夫的敌人？

　　难道这一切都是梦？

　　关羽在貂蝉的引领下，不由自主地朝着她的房间走去。

　　关羽走进貂蝉房中，貂蝉的房子收拾得素雅整洁，散发出阵阵幽香。关羽站在灯光下，宛如置身梦中。

　　然而，一种长久以来形成的思维方式，开始像车轮一般辗转地压着他的心。"义"字仿佛是一团浓厚沉重的云块，无比沉重地从天而降。

　　"不——"关羽大吼一声，将貂蝉一把推开，又狮子一般冲出了门，他看见了青龙刀搁在一根石柱上，青光闪闪。

　　关羽夺了青龙刀，又冲向马厩，顺手牵了一匹，风驰电掣地驶出吕布的住宅，又向徐州城门冲去。

徐州失陷，英雄无奈

曹操的进军速度太快了！简直就如迅雷疾风。初平四年他在追击袁术部队时，曾有过"望梅止渴"的故事：军队连续六百里大追击，一路干旱，连水井都找不到一口。曹操遂欺骗将士们说："前边就有梅林，我们到前边吃梅子去。"结果，人人舌下生津，精神为之一爽，不禁脚下生风……这一回，他又让吕布体味到了什么叫作"兵贵神速"。

根据探马前些时的情报，吕布估计曹操的前锋部队最早也得两天之后才能到达小沛；而如果到达徐州，那还须再加两天的时间。然而万没料到，这日清晨他还在貂蝉的床上蒙眬着，突然门外陈宫大喊："主公快快醒来，曹军已经抵达泗水了。"

吕布紧急披挂，提了方天画戟，骑上赤兔马，带领陈宫等驰向徐州东门，又上得城楼。此时天已大亮。举目远眺，见泗水上蒸腾着红色的雾，像是农夫烧荒的野火。而透过这片"野火"，向对岸望去，又见河滩上密密麻麻到处爬动着"蚂蚁"——那分明就是曹操的先锋军了。这一天的风向不对，因而听不到人喊马嘶或者鼓角之声，大地是那般寂静，河流是那般寂静。然而，有经验的将士晓得，越是这样的"寂静"，就越是令人心惊胆战！

"当——当——当！"城楼上的钟声响了。

"咚、咚、咚！"鼓声也响了。

接着就是角号声、口令声、兵器碰撞声、无数人的脚步声和马蹄声……

此时陈宫向吕布建议："应趁曹军立足未稳，我军迅即抢占河滩有利地形，并以精骑冲击敌方。敌军长途跋涉，必然疲惫，是绝对经不起我军冲击的。"

吕布说："好吧！"随即亲自带领宋宪、魏越、徐翕、陈宫并两万兵士，从东门冲出，而留陈登、毛晖带千余人守城。

然而，想不到敌方的行动是如此迅捷：当吕布的兵马来到泗河滩时，对岸曹军已经一队队、一营营地排列整齐；坚盾和长矛在前，马兵于两翼排开，最后是步兵和辎重车。忽听"轰隆隆"三声炮响，全军得了信号，开始有秩序地涉水。因为是旱季，水并不深，快到河的中心了，也只是湿到了肚脐。

此刻，陈官又向吕布建议："趁敌涉水，快发起袭击，这是歼敌的最好时机呢！"

吕布又说："好吧！"但听得出，他有些犹疑，语气并不坚定。他并没有指挥大部兵力向横渡泗水的曹军坚决地压过去，而只是命令宋宪带三千弓箭手沿河排开，向最先冲过来的敌兵放箭。一排排的箭射过去，然而曹军并没有如吕布所期望的那样：随着一批批中箭者倒下，敌人遂仓皇后退，前军压迫中军，中军又压迫后军，于是整个河滩上乱成一锅粥，而他抓住敌军混乱的时机挥师杀过去……

如吕布的估计相反：渡河的敌军表现出了惊人的纪律性。休管谁中了箭，倒在水中，必有后边的人抢前一步，补充那人的位置。

吕布突然意识到：曹操渡河的决心该是如河中鹅卵石般的坚定，他大概不可能如陈宫说的那样，将敌军消灭在河水里了。事实上，曹军如此多的人马，在如此长的河道上同时强渡，他想阻拦，也是极困难的。

这工夫，陈宫锐声地催促他："主公！快杀上去！否则来不及了！"

吕布却长长地叹一声道："唉！是呀，真是来不及了！"

吕布竟下令："全军撤回城里。"

他觉得这是最明智的抉择：如果等曹军渡过河来，列开阵势，发动攻击，那时刻他想撤回城里怕都来不及了！

有时候战争看起来像是孩子们玩儿的游戏，至少徐州和小沛的战争是如此。游戏开始的时候，已经是深夜，风刮得甚紧。徐州城头上无法点亮灯笼，哨兵们都捂着被冻僵的耳朵，缩在女儿墙后面，躲避着看不见的飞沙走石。

突然，从西北方向出现一串火光，这串火光由远及近来到城下，只听有人大喊："我们是高顺将军部下，曹军今夜突袭小沛，高将军请求吕大人速发救兵！"

其时陈登披甲戴胄恰好巡逻到这里，他向城下送去一个谁都看不见的诡笑，然后命令放下吊桥，打开城门，将这伙人放进来。这伙人一个个血头血脸，一看就是刚经过拼杀的。他领着这伙人飞马来到吕布军帐，吕布正在榻上合衣而卧，闻讯大惊，自言自语道："怪道曹贼这两日不见动静，却原来是攻打小沛去了！"说着，就要命令宋宪带兵援救小沛。

但是陈登说："只怕宋将军去不行，主公须亲自去……"他将嘴贴上吕布的耳朵，又说："据这帮报信的兵士说，近日曹军曾向小沛西门上射过箭书，西门和北门是张辽把守，高顺将军守的是南门和东门。那日高将军因事来到西门，恰好看到箭书射上来，却被张辽抢先拿去。张辽看过箭书之后，随手塞进袖筒。高顺问箭书上写的什么？张辽说没有什么，脸色却是十分难看。故此，高将军提醒主公，张辽怕是靠不住的。张辽如靠不住，小沛岂能守住？主公不亲自救援怎行？"

吕布一想，陈登说得极对：如他亲自去，小沛的局面就能控制得住；如只派宋宪去，情势则难以预料了！来不及多想，便传令点兵。此时陈登却又说："事情紧急，我先行一步，往探虚实，如何？"

吕布说："也好！你先设法稳住张辽，我带大军随后便至！"

陈登迅即出发，恰是顺风儿，不到一个时辰便抵达小沛。其实小沛并没有遭受曹军袭击，曹军只是在泗水沿线设了几个营地，对小沛形成了半包围。陈登先绕到曹军某个营地前面，向寨门里嗖嗖地射了几封箭书，然后风驰电掣地来到张辽把守的西门。

张辽是一位忠于职守的将军，因见夜黑风高，怕敌人偷袭，不敢懈怠，就亲自沿着城墙，在西门和北门之间巡逻。陈登在城下叫门时，他比哨兵反应得都快。他并不怀疑陈登有何阴谋，赶紧令兵士开门。

陈登见了张辽，头一句话便是："徐州危急！将军竟漠视不救？"

张辽一愣："这话从何说起？"

陈登说："吕大人受了陈宫挑唆，早就疑忌将军为曹操收买，心怀异志，欲杀将军。因我百般解劝，才没有动手。今日曹军乘夜黑攻城甚紧，他特遣我令将军快快带兵驰援。如有迟误，他必以军法论处。那时，将军您的头颅怕将不保呢！"

张辽顿时冷汗淋漓，日前他已听说了曹操派人给他送密信而被陈宫截获的事，他曾拍着胸脯向吕布发誓，他绝不会投降曹操，并说这一定是曹操的"离间计"。他发现，吕布尽管抚着他的肩膀说："文远，我相信你！"然而眸子里还是多了几分过去未有的疑忌之色。而且，他也听到吕布身边的人窃窃议论：为何曹操不给别人写信，却偏偏联系张文远呢？唉！别人硬是要怀疑他，他又有什么办法！

张辽只好点起兵马出城，天是那般黑，顶头风又是那般硬，呼啸着的风听起来就像鼙鼓声和喊杀声。他恨不能展翅飞到徐州，走到半路，突然听到一阵狂涛似的马蹄声迎面涌来，开始疑是耳朵的错觉，仔细辨听，确是来了大队兵马。他以为是曹军，便一马当先，朝对面来的人马杀过去……

然而对面来的，却是吕布的部队。

吕布见有兵马迎面杀来，误以为中了曹军埋伏，忙令宋宪、侯成、昌豨等将领各带部属，迎头痛击。于是，在这伸手不见五指的黑夜，自己人厮杀起来。

或许是兵器撞击的火星能依稀映出对方面容，杀了一阵，张辽发觉不对，他躲过了对面劈来的刀，喝问："来者何人？"

对面回答："泰山昌豨，你是何人？"

"啊呀错了！吕将军，我是张辽呀！"

"张辽！原来是你叛反了呀？且吃我昌豨一刀！"

张辽又将劈来的刀架住，大声疾呼："不要杀了！我张辽真的并未叛反！"

此时吕布沿着张辽的声音冲过来，他用戟一指，叱道："你既未反叛，如何来此处？"

张辽说："主公，如何问我？不是你令陈元龙调我救援徐州的吗？"

吕布大为惊诧："我何曾叫你救援徐州？"这话说出，心里咚地一跳：啊，莫非是陈元龙假传军令？

吕布满腹狐疑，正不知如何是好，却又听得附近震天动地响了三声炮。惊愕看时，周围亮起一片炬光，犹如火龙，向这边蜿蜒过来。这工夫张辽便痛心疾首地向他嘶喊："主公！你还不明白吗？陈登才是叛贼！我们中了曹操的奸计了！"

此时，吕布也听到那条"火龙"向他嘲讪地喊着："吕布，你中我曹公之计了！"风声中又有无数人的笑声。

吕布既羞又怒，挺起画戟，就要朝"火龙"冲击，张辽却劝他："主公，我来断后，你带领兵马，速速撤退吧！"

吕布冷静一想：一旦曹操将包围圈收紧，那时想逃也逃不出去了！他只好下令顺原路撤回徐州。

吕布回到徐州时，天已大亮。此时风已息了，城头上的旗帜一动不动。蓦地，他感觉到那些旗帜的式样和颜色不对劲儿。城门此时是关闭着的，吊桥也没有放下来。他刚要令人叫门，却听得一阵梆子响。城上乱箭射下。他慌忙躲避，愤怒地朝城头上一看，啊！雉堞间站着一位红袍人，身躯不高，但很壮；长髯映着霞光，显金丝般的光亮。簇拥着他的，是一大群披甲顶盔的将军。只听红袍人朝他喊道："来者可是吕布吗？夜来辛苦了！"

吕布辨出了此人就是曹操，他气急败坏，用戟指向城头，喊道："曹操！你这奸贼！如何使奸计骗我徐州？"

曹操哈哈大笑，未及回答；身边闪出个年纪与曹操相仿，却略高略瘦一点，穿褐色战袍的将军，乃是刘备，指着吕布怒骂："吕布，你这邪恶小人！徐州怎是你的？你不过鹊巢鸠占罢了！"

吕布愈发气恼，却无言可对，他晓得眼下想夺回徐州无异于痴人说梦，只好灰溜溜离去。

吕布眼下尚弄不清徐州丢失的细枝末节，守城的陈宫等是战死了？抑或败走了？一时无从知道。现在，他是撤向小沛呢，还是撤向下邳？

正这么想着，高顺带领数百名残兵，从小沛逃来了。一看高顺焦头烂额的模样，就晓得不妙。果不其然，高顺一见吕布，便愤怒而丧气地禀告：

"主公，都是陈登那奸贼，骗走了张将军后，当即献出西门，放进了曹军大将夏侯渊、曹洪！"

吕布只觉得眼前金星乱射，差点倒于马下。

一座城池，一个爱人

爱是非常奇妙的，这种感觉让人感到惬意而舒适。当爱人不在身边时，那爱只是一种温馨、一种牵挂；可是，一旦爱人回到身边，在自己身边呼吸时，才感到原来的温馨。

貂蝉在月下抱着吕布痛哭，久久不停。

吕布突然发觉自己仿佛就是一个赌徒，他曾经赢了很多，甚至赢了四分之一个中国，可是，现在他又输了，输得很干净，只剩下一小块地盘，迟早也要输光，成为他人的城池。

他的心头涌上一种莫名的悲哀的情绪，万幸的是，他没有失去爱，没有失去貂蝉，一边一角都没失去，这才是最重要的。

他拥着貂蝉，走回房中。

曹操大军没费多大力气便席卷了吕布的地盘，夺得了徐州、小沛等城池，并步步进逼吕布最后栖息的弹丸小城下邳。

曹操的谋士程昱进言道："吕布现在只有下邳一个城池，如果逼得太急，吕布必然会死战而投袁术。吕布与袁术联合起来，其势难攻。现在可派一位能征善战者守住淮南各路，内防吕布，外挡袁术，可保万无一失。"

曹操听了程昱的计策表示赞同，他对刘备说："我亲自去挡山东各路，其余淮南各路，请玄德独当一面怎么样？"

刘备答道："丞相将令，我怎敢有违？"

第二天，刘备便留下糜竺、简雍在徐州，亲自率领孙乾、关羽、张飞引军去守淮南各路。曹操则亲自引兵攻打下邳，吕布开始面对最后的决战。

夏季快要结束了，秋天的萧索在冷风中渐渐来临，吕布也迎来了他的对手——曹操大军。

热力逐渐减弱，太阳照耀着兵精粮足的下邳城。曹操大军滚滚而来，扬起阵阵烟尘。

陈宫向吕布献计道："现在曹操军队刚到，可乘其寨栅未定，脚跟没有站稳，以逸待劳，一战可胜。"

吕布道："我军屡败，不可轻易出兵。待其来攻打时我们再出兵，可将他们全部逼入泗水之中。"

泗水环绕下邳城一周，地势险要，是下邳城的天然屏障。吕布因此安心坐守，不听从陈宫乘曹军新到、立足未稳之机出击的计策。

几天之后，曹操的营寨便星罗棋布地在秋风之中安定下来，曹操统领众将到下邳城下，大叫："吕布出来答话！"

吕布持戟出现在城楼之上，曹操对吕布说道："我听说奉先将军要同袁术联姻，所以领兵至此。袁术有反逆的大罪，而将军有讨伐董卓的大功，现在何故尽弃前功而从逆贼？倘若城池一破，后悔也来不及了！将军不如趁早投降，共扶王室，封侯便是迟早的事。"

吕布踌躇片刻，说道："丞相且退，等我商议之后再做答复。"

陈宫站在吕布身边大骂曹操奸贼，弯弓搭箭，曹操指着陈宫咬牙切齿地说道："我誓杀了这个反贼。"

陈宫担心吕布突然变卦，降了曹操，自发一箭，射中了曹操车的麾盖。

于是，曹操引军大举攻城，曹军如潮水般猛攻，但城池艰固，久攻不下。

陈宫望着城下潮水一般起伏的曹军，心生一计，对吕布说道："曹操远道而来，其势必不能长久。将军可率军冲出，屯于阵外，我和其余众人坚守城中。曹操若攻打将军，我就引兵攻击他的后背；曹操若来攻城，将军便从后面救我。用不了几天，曹操军队粮草断绝，便可一攻而破，不知此计可行不可行？"

吕布点头道："此言极是。"

吕布返回家中，便命卫兵动手开始收拾衣物。貂蝉闻听此事，连忙出来，问道："夫君将往何处去？"

吕布便将陈宫的计谋全部告诉给貂蝉，貂蝉闻言大吃一惊，说道："夫君弃城而去，孤军远出，倘若城中一旦有变，妾将怎么办？"说着，便忍不住声泪俱下哭了起来。

吕布看着貂蝉，心中实在放心不下，便决定留在城内。他答应貂蝉，三日内不出城池。

陈宫又使人见吕布，说道："曹操四面围城，若不早出，必受其困。"

吕布道："我想了想，远出不如坚守，还是算了吧！"

陈宫又说："最近听说曹操军粮紧缺，派人前往许都去催取了，早晚将至。将军可引精兵出去断其粮道，使曹军军饷断绝，不战而退，这计还是可行的。"

吕布点点头，进入后厅向貂蝉说了此事。

貂蝉又哭泣道："将军若出去，陈宫、高顺怎能守得住城池？如有差错，后悔也来不及了。"

于是，吕布又出来告陈宫："你不必担心，我有方天画戟、赤兔马，谁敢近我？再说曹操狡猾而诡计多端，我等还是不要轻举妄动为好。"

陈宫怏怏不乐地离去，仰天长叹道："我等死无葬身之地，完了，全完了。"

吕布实在割舍不下对貂蝉的爱恋，他不忍心让她孤单寂寞，因此，他几次拒绝了陈宫的建议，决定闭门不出，围困死守。等到曹军稳定，粮草充足时，他的末日来临了。等到此时，一切后悔都太迟了。

秋风渐起，下邳城楼上的愁云越锁越浓。曹操大军将下邳城围得水泄不通，吕布闭关终日不出，整天与貂蝉饮酒解闷。

陈宫手下的谋士许汜、王楷的到来使吕布隐隐地看到了一线生机，他急切地问道："二公有什么解围的妙计？"

许汜说道："当今袁术在淮南，声势大振。你曾经答应过将女儿嫁给其子，将军为何不去向他求救？袁术大军一到，内外夹攻，曹军必败无疑了。"

吕布茅塞顿开，马上修书一封，命许汜、王楷前去搬救兵。

许汜道："必须有一军引路才能冲出去。"

吕布便命令张辽、郝萌两个引兵，将许汜、王楷两人送出隘口。

张辽、郝萌领命，当晚趁着夜黑风高，张辽在前，郝萌在后，率军一千，冲杀出城。

面对吕布的突然之举，淮南隘口的守军防不胜防，待要领兵去追，郝萌率五百精兵，带着许汜、王楷已经杀出隘口，消失在茫茫夜色里。张辽武艺高强，无人能敌，又返身杀回下邳城中。

许汜等人风驰电掣，星夜赶路，终于在三天后到达寿春，拜见袁术，将书信呈上。

袁术道："上次吕布赖了我的婚姻，现在又复回来约，怎么回事？"

许汜道："这是曹操使用的奸计，请主公明察。"

袁术笑着说道："要不是曹操将你们困逼得那么急，吕布肯将女儿嫁给我儿吗？"

许汜答道："吕将军和袁将军唇亡齿寒，若将军不救我们，我们必败无疑。我们一败，将军还能敌得过曹操吗？"

袁术道："吕布反复无常，不讲信用，可先把女儿送过来，我就以倾国之兵救他。"

许汜、王楷无奈，只好和郝萌返回下邳。到刘备寨边时，许汜道："白天不能过去，夜半的时候，我二人当先，你断后。"

夜幕降临时，许汜、王楷等以迅雷不及掩耳之势，从刘备寨子上抹了过去。

张飞出来追赶，许汜冲到下邳城下，大喊着："城上救人！"

吊桥徐徐而下，许汜、王楷冲进城中，张飞同时也率兵赶到，万般无奈之下，吊桥缓缓而起，将五百军马和郝萌一起，抛在了黑森森的城门之外。

郝萌和剩下的五百军马面对曹军数万军马，束手就擒。张飞将郝萌押到曹操营中，郝萌将吕布向袁术求救，许女为婚的事告诉曹操。曹操大怒，将郝萌推出斩首，并加紧了对吕布的进攻。

许汜、王楷进见吕布，将袁术想要先得儿媳妇，后派出倾国之兵前来下邳救援的意思告诉了吕布。吕布又向许汜、王楷问计："如何把我女儿送去？"

许汜答道："非将军亲自出马不可！"

第二天晚上，吕布将女儿用棉布缠住身子，用盔甲将女儿身体紧紧地裹住，女儿好奇地问："爹爹，你要带我去哪里？"

吕布说道："我们做个游戏，你趴在我的背上千万别动，也别出声。"

二更时分，天空出现了浓云，四周模糊难辨。吕布命人悄悄放开城门，吕布一马当先冲出，张辽、侯成紧随其后。快到刘备寨子时，只听一声鼓响，关羽挥着明晃晃的青龙偃月刀杀出，大吼一声："休走！"

吕布与关羽战了十个回合，无心恋战，拍马便走，不料刘备也派出一军前来，两军展开混战。吕布的方天画戟虽然神出鬼没，但毕竟背着一个人，又怕伤着女儿，不敢去突重围，后边徐晃、许褚也引军杀来。女儿看着那些雨点般射来的箭矢，又惊又怕，抱着吕布喊："爹爹，我怕，我怕。"

刘备军中的士兵们又大叫着："不要放走了吕布，不要放走了吕布！"

吕布左右冲杀，也无法突围而去，只好引军返回下邳城。

他顿时感到心中腾起缕缕愁云，望着窗外的秋云，那样凄凉、那样惨淡。

吕布永远也没有料到，这一夜，是他和貂蝉的最后一次温存。

女儿因为受了惊吓，在隔壁哭泣着，直到半夜方才睡去。

貂蝉用毛巾擦去了吕布身上的最后一处血迹。惨淡的月光挥洒进来，他们默默无言地对视着，久久无语。

滴漏之声在静夜里凄清地响着，使人感觉到时间正从身边无言地滑翔而过，从而身上升腾起浓浓的死亡气息，使吕布无法用心去感受。

静室之中的兰麝之香将战争无声地隔离开来，鹤形香炉中的青烟袅袅而上，四周一片静寂。

貂蝉缓缓躺下。

貂蝉望着吕布那消瘦、疲惫、略显憔悴的脸庞，禁不住鼻子发酸，温热的泪水一下子令她那秀美的双眼模糊了，她心中感到无限的悲凉。

"别哭，你哭什么？"吕布在貂蝉身边平静地躺下。

吕布也莫名地生出一种人生苦短的苍凉感，他伸出有力的双臂，将貂蝉一把揽入怀中，他要感受那最后的温存。

曹操在一个秋去冬来的下午，望着在秋日天空中依然岿然不动的下邳城，心中生起片片悲凉，他感到一种从未有过的失望。他仰天长叹道："我围攻下邳城近三个月了，却久攻不下，北有西凉兵的威胁，西有刘表、张绣的祸患，使我食之无味。冬天即将来临，我等不如舍弃吕布，暂且息战。"

荀攸的声音像一片枯叶般飘来："万万不可。我看吕布有勇无谋，现在屡战屡败，锐气大减。三军以将为主，将衰则军无奋心。陈宫虽有谋略，但却受吕布排斥。如今吕布元气未复，加紧去攻打他，吕布必败无疑。"

郭嘉的声音将曹操引向了一个明媚灿烂的未来："我有一计，胜过二十万雄兵。吕布虽然勇猛，肯定在劫难逃。"

荀攸道："是不是放开沂河、泗水的河水，水淹下邳城？"

郭嘉答道："正是。"

曹操大喜，哈哈笑道："这正是英雄所见略同啊！"

曹操当即差出一万人马，立刻决开两河之水坝。曹操军队都在高处，兴高采烈地眺望着洪水像猛兽一般，涌向下邳城，又四处弥漫开来。

下邳城顿时变成了一片汪洋，弥漫在人们耳中的是震天动地的洪水冲击的哗哗声。四处望去，无数年久失修的房屋崩塌，发出巨大的响声，陷落在洪水之中，富人们紧张地在水中抢救他们的财产，穷人们则抱着肩膀，流落街头，到处漂浮着箱子、脸盆、稻草、被子以及其他诸如此类的东西，下邳城中到处弥漫着惶惶不安的气息。

吕布此时正陶醉在酒中，趴在桌前沉睡。一个士兵慌慌张张地跑进来，哇哇大叫着："曹操放了两河之水淹下邳城啦！"

吕布迷糊着双眼，将手一挥，碰倒了一个酒杯，酒汁流了一桌，洒了满地。吕布的舌头怎么也转不过弯来："我有……有赤兔

201

马，渡水……渡水如履平地，怕……怕什么？"

铜镜里，一张苍白、憔悴的脸浮现出来，从铜镜中那双迷迷蒙蒙的眼睛里充满了恐惧、畏怯和疲倦。铜镜里的那张嘴，还带着酒汁和浓浓的酒气，在不停地微微颤抖。

吕布抓起一个杯子扔向了铜镜，铜镜滑落地上。

铜镜碎裂成四片，每一片上都有一张憔悴的脸。

一个声音大叫着："我吕布被酒色所伤！从今日起，我断了酒色。传我令，下邳城中只要有胆敢饮酒者，斩！"

有一伙盗马贼一共五人，在一个四周黑沉沉的阴森而又恐惧的夜晚，偷偷潜进大将侯成的家中，从后槽盗走了十五匹马，打算偷偷出城献给曹操领功。

大将侯成以迅雷不及掩耳之势赶到，夺回十五匹宝马，并将五个盗马贼的头颅一一削去，把他们送上了西天极乐世界。

众将听到这个喜讯，纷纷前来祝贺。侯成便酿了五六斛酒，杀了十余口猪，打算庆贺一番。侯成不敢独自吃饮，他先将五瓶酒、一头猪送到吕布住所，敬告吕布道："托将军的虎威，追回了失马。众将都来祝贺，酿了些酒，猎了几头猪，不敢先擅自饮食，先奉上以表我的敬意。"吕布心中刚刚平息了一些的怒火，此时又升腾起来，将酒瓶一一摔在地上，在满地流动的酒香中，大骂道："我严令禁酒，你却酿酒召众将士会饮，召各位兄弟一起抵触我的命令。你安的是什么心？推出去斩了！"

高顺等人连忙进来求情，希望吕布手下留情。吕布心中怒火无法遏制，他命令道："明知故犯我的命令，理当斩首。现在看在诸将的面子上，只打一百。”

众将继续苦苦哀求，吕布命令道：“拉出去打五十个背花，大家不必再为他求情，求情我也不听。”

吕布说着转入内屋。

在挥舞而下的军棍中，侯成的呻吟传入众人耳中。那些沉沉落下的军棍，仿佛不是打在侯成的背上，而是打在了众将的心上。人们的心都被打飞了，散落在瑟瑟的秋风中，浸受到一阵又一阵的寒意。

侯成被众将无比悲怆地抬回家中，在昏迷之中大叫：“把那些猪肉都给我倒了！把那些酒缸都给我砸了！”

众将听着无不两眼垂泪，默默离去。

三天之后，宋宪、魏续来到侯成家探视，侯成望着两位患难兄弟关切而悲痛的脸，悲愤地说：“若不是众兄弟相劝，我就成为刀下之鬼了。”

宋宪叹道：“吕布只恋妻子，把我们看得连草芥都不如。”

魏续的话让人悲观丧气：“军围城下，水绕壕边，我们的死期不远了！”

宋宪愤愤而起：“吕布无仁无义，我等不如弃他而走，怎么样？”

魏续道：“这不是大丈夫之举，不如擒了吕布献给曹操……”

魏续说话时目光闪动，望向了宋宪、侯成。宋宪、侯成的眼中隐隐闪动着火花，看得出这正是他们想说而不敢说出的话。于是，三人在瞬间达成了默契，心照不宣。

侯成道："我因追回马匹而受责。吕布所倚赖的，正是赤兔马。你二人设法擒得吕布献给曹操，我则盗赤兔马去见曹操，你们以为怎么样？"

宋宪、魏续相望一眼，异口同声地说："此计太妙。"

侯成在手刃盗马贼数天之后，自己也成了盗马贼。在一个夜色昏暗、星光微弱的晚上，侯成像一个影子，潜至马厩，牵着赤兔马，走向南门。

赤兔马认得吕布手下的猛将侯成，它以马心来揣测人的忠心与善良之心，无声无息地在侯成的牵引之下走向南门。南门城门豁然洞开，吊桥缓缓而下，赤兔马越过洪水滚滚的护城河后，城门却在身后"吱呀"一声合上，吊桥徐徐升向空中，赤兔马以它的敏感知道自己上了当，长嘶一声。然而，此时在下邳城中沉沉睡去的吕布却再也听不见赤兔马的长嘶声了。没有了精通人性的赤兔马的帮助，等待吕布的只能是如董卓一样的结局。

第二天清晨，当吕布醒来，走向马院时，空空荡荡的马厩使他产生了一种从未有过的惊恐。他四处寻找着他的赤兔马，像一个失去了羔羊的牧羊人。

擂鼓之声从城门震天动地地传来，吕布只好披挂上阵，提戟上城，前往各门点视。只听城外的曹军中有人大声宣读曹操拟写的文书：

大将军曹，特奉明诏，征伐吕布。如有抗拒大将军者，破城之日，满门抄斩。上至将校，下至庶民，有能擒到吕布来献的，或献吕布首级的，重加官赏。为此榜谕，各宜知悉。

吕布怒火中烧，当即命弓箭手往城门下射箭，曹操大军却抬着云梯，攻城而来。

面对潮水一般涌来的曹军，吕布只好亲自登城指挥。曹军面对坚固的下邳城，照旧攻不下。秋日惨白的太阳慢慢升到高空，吕布守军和曹操大军同样感到了疲惫，曹军缓缓地退下。

吕布累得浑身骨头酥软，他不敢离开城楼，只好坐在一把椅子上，睡意弥漫上来，他觉得眼皮有千斤重，脑袋挂到胸前，沉沉地坠入梦乡。

宋宪、魏续等待的就是吕布秋日做午后之梦的时机，现在，终于来了。宋宪、魏续一人一头牵着一根长长的绳索，长长的绳索，在吕布身上捆绑了一圈又一圈。突然，绳索猛地抽紧，将吕布从梦中惊醒。

从梦中醒来的吕布惊恐地看到，他已被绳索牢固地缚在了柱子上，晃动在他眼前的，是宋宪、魏续得意忘形的笑脸。

吕布如猛虎般挣扎着，大声呼喊。然而，白门楼上空空荡荡，只剩下欣赏他垂死挣扎模样的宋宪、魏续。

一面白旗在白门楼上高高飘扬，猎猎作响。方天画戟被张扬从白门楼上高高扔下，以无比优美的姿势下坠。宋宪、魏续的声音使那些围攻下邳城长达三个月、怀着浓郁思乡之情的曹军将士的心里激动不已。

"我们已生擒吕布啦，我们已生擒吕布啦！"

生性骄狂的吕布，可能从没有想到自己有被人紧捆着双手推到曹操、刘备面前，成为阶下囚的这一天。

下午的阳光惨淡而阴沉，像牛奶一样白，从天泻下。曹操、刘备、关羽、张飞仿佛四尊神，坐在了白门楼上，俯视着困兽一般挣扎的吕布。

"绑得太紧了，松一点，松一点！"

吕布的声音像绝望的猛虎一般从人们头顶呼啸而过。

曹操大笑："缚虎不能不紧。"

侯成、宋宪、高顺、魏续……这些曾经忠心耿耿跟随他的将士们，鱼贯而出，影子般伫立于曹操、关羽等人的身后。在淡淡的阳光映射下，他发现他们的脸是那样的狰狞可怕。

吕布问道："我待你等不薄，你等为何反了我？"

众人齐声回答："只听妻妾的话，不听将士的计策，视我如同草芥，怎么不薄的？"

吕布沉吟半晌没有言语。

陈宫在徐晃的推搡下，昂然立于曹操面前，斜视曹操。曹操假惺惺地说："公台别来无恙，为何弃我而去？"

陈宫大骂："你心术不正，我才弃你而去。"

曹操又说："我心术不正，你为什么又去侍奉吕布？"

陈宫道"吕布虽然有勇无谋，却不像你那么阴险奸诈。"

曹操又道："你足智多谋，为什么成了我的阶下囚？"

陈宫回首望着吕布道："恨只恨此人不听我的话，若听我的话，今天做阶下囚的应该是你。"

曹操又问道："今日之事怎么办？"

陈宫道："今日只求一死。"

曹操又说："你死了，你的老母、妻子怎么办？"

陈宫笑道："那就随你便了。"

陈宫说着走下楼，昂首阔步迈向刑场。

曹操心中激荡起一股留恋的情绪，他饱含着泪，叫了一声："公台——"

陈宫义无反顾，如同没事一样，在曹操的喊声中走去。

曹操起身相送，并大声命令道："马上送公台的老母、妻子回许都养老，凡有怠慢者，斩！"

陈宫脸上神情漠然，没有言语，将头高高扬起，等待着闪亮、锋利的刀刃。

吕布面对即将到来的死亡，如同感到秋日天空中缓缓降临的恐惧，是那样令人神伤而不安。他四处搜寻，端坐于高台之上的刘备，使他看到了一线生机。

吕布便告刘备道："我是阶下囚，公是座上客，你为何不说几句话来为我解脱解脱。"

刘备认真地点点头。

吕布冲着曹操大叫："明公所患的，不过是我。现在我愿意臣服，公做大将，我愿鞍前马后相随，平定天下是举手之劳。"

曹操犹豫不决，难下决断。

曹操回过头，问刘备道："玄德公以为怎样？"

玄德答道："公难道忘了丁原、董卓是怎么死的吗？"

吕布闻言脸色大变，破口大骂道："大耳儿，你难道忘了辕门射戟吗？"

刘备微笑着盯着吕布,一言不发,他仿佛看见眼前的吕布在阳光下正一点一点地崩溃。

曹操将手一挥,喝道:"斩!"

吕布的头颅很快被捧到了曹操和刘备面前,他的双眼像生前一样圆睁着,满脸怒火,但却永远地失去了活力与光泽。他不明白,正是他"平定天下是举手之劳"的豪言壮语,把他送上了绝路。如果地下有灵,他该做何感想呢?

多舛命运,坎坷一生

吕布走了,等待美女貂蝉的将是怎样的命运呢?她只能等候上天的安排,因为她别无选择。

就在一个冬日的下午,被命运追击得无处藏身的貂蝉,发现自己就像童年玩的绣球一般,经过了董卓、吕布的怀抱又被传到了曹操的怀中。

曹操出现在貂蝉眼中,貂蝉预感到有什么事将要发生,她看着周围,阳光是如此的苍白无力,如同自己一样孤单无助。貂蝉仔细地打量了一下曹操,她发现他的胡子正以某种音乐的节律在颤动,他用平静的声音宣布了貂蝉前夫吕布的消失:"我把他杀了,我只能这样做,不然他就会杀死我,这是迟早的事。"

貂蝉被一种突如其来的悲痛所击倒,她摇摇晃晃地站起来,张开双手,白色的衣袂像蝴蝶翅膀一般飘起。她像蝴蝶一样飘向一柄长剑，她轻巧的手抓住长剑的剑柄，轻而易举地将雪白发亮的长剑从剑鞘中抽出。

曹操穿过苍白无力的阳光把貂蝉与长剑隔开，他用有力的手握住了貂蝉如凝脂一般的手，雪白的长剑在阳光下闪烁着令人眩晕的光芒。

曹操的声音像枯井里的最后一丝波澜，从地下传了过来。"你为什么想死？"

貂蝉泪眼婆娑地说："你放开我！"

曹操将貂蝉持剑的手握得更紧，说道："你回答了我这个问题我就放开你。"

貂蝉将脸仰起，泪水顺着眼角缓缓淌下，说道："你为什么要这样问我？"

曹操绷着脸，道："我先问你问题，你先回答我。"

貂蝉无可奈何地说道："我为什么死？因为我爱他，而你却把他杀了！"

曹操微微一笑："他，是谁？吕布还是董卓？"

貂蝉的脸一下变得苍白，她使尽全力，要将持剑的手从曹操手中抽出，"你是在笑我，对吗？那我更应该死了，放开我。"

曹操的脸色一下子变得认真而庄重："貂蝉，我没有戏弄你的任何意思。"

貂蝉泪如雨下，娇弱的身体像小鸟一般在曹操威武有力的怀中挣扎，她喊道："放开我，求求你，让我死吧！"

"不！"曹操一用力，剑在貂蝉手中慢慢地垂下，他说，"你若真要死，你早就应该死去。你曾经跟过董卓，可吕布是杀死你第一个丈夫的仇人，你为什么不去死呢？为什么还心甘情愿地去做他的妻妾呢？我不敢说我比董卓、吕布优秀，可我至少和他们一样，吕布是杀死你丈夫的仇人，我也是杀死你丈夫的仇人。他们为了能得到你费尽心机，不顾一切。我为了得到你，围攻下邳长达三个月，损兵折将几万人，我只想得到你。"

貂蝉的身体颤抖起来，问道："为什么？"

"曹操将貂蝉的身体扳过来，他的眼中喷着一股莫名的火焰，注视着貂蝉那明月一般艳丽可人的脸，灼得她一阵阵心悸，他继续说道："你是这个纷乱的世界中最珍贵的一颗珍珠，你不能轻而易举地从这个世界消失，你的离去使这个世界黯然无光。别死，跟着我，只有我才能真正地保护你，相信我……"

曹操的声音终于将貂蝉的信念击溃。

"当——"

长剑从那玉一般莹洁的手中落下，掉在地上，发出清脆的响声，久久不愿散去。

窗外，冬天已经降临，惨淡苍白的阳光，从苍茫的天空中倾泻而下。

不知从哪里飞来一只彩色的鸟儿，欢快地叫了一声，又展翅钻进白纸一般的天空中，像一抹彩色的颜料，突然在天上出现又消失了，那叫唤是在向人们宣告貂蝉新的生活旅途开始了吗？

冬日的月光迷蒙而又凄凉，冬日的天空高远而虚幻。月光闪烁，只见树枝上的叶片都已掉光，光秃秃地插向夜空，只有一只孤独的鸟，在寒风中栖在高枝上凄清地啼叫。

貂蝉就在这凄凉而迷糊的月光中茫然地躺在曹操的房中，对于她来说，一种新的生活即将开始。新的生活总是飘扬一种陌生的气息，貂蝉浸泡在陌生的气息之中，无限迷茫，不知所措。

正如曹操所说，她不该死。可是，难道她就该活吗？她已经彻底迷惘，她不知道自己为什么而活。

琴声悠扬而起，仿佛亮丽的清泉，向她奔涌而来。

她回过头，月光下，曹操抚琴而坐，正微笑地注视着她。

那一双在琴弦上跳动的手是多么的奇妙啊！它曾经指挥过千军万马，也曾经杀过人，充满了血腥的味道。可是，当它们在琴弦上跳动时，它们不再带有任何战争和血腥的气息，透明的音符像透明的蝴蝶一般翩翩而起，在月光下进行着美丽绝伦的舞蹈。它们在那双手的催促下，飞入貂蝉心中。

貂蝉的心门敞开了，无数奇异幻景，从她眼前掠过，那声音好似高山流水的叮咚之声，好似大海涨潮的喘息声，好似花儿绽放时极轻极细的声音一般使她怦然心动。

她再也忍不住，声泪俱下。

琴声戛然而止，曹操的身影从琴桌上移出。一只有力的手扶在了她的肩膀上，那只手不像董卓的手那么苍老，也没吕布的手白嫩，但那只手按在貂蝉滑润的肩上，就好像按在了貂蝉的心上，使貂蝉的心怦怦地跳个不停。

貂蝉被一种安全的氛围所激动。

"跟着我，我会保护你，我才是真正的英雄……"曹操的声音仿佛是从一个很遥远的地方飘来，若有若无。貂蝉将手张开，想要去迎接他。就在此时，董卓和吕布的影子，不知从哪儿冒出，隔开了他和她，她顿时感到茫然。

曹操将她托起。

她用手推曹操，喃喃地说："不，不……"

曹操的声音飘来："你又想起他们了吗？死去的人永远不能限制生者。死亡就意味着人世间所有权力的消失。只要你去爱，没有人可以阻拦你……"

这一句温馨的劝慰，将飘忽的董卓和吕布的影子，击得粉碎。

他将她的头捧起，像欣赏一件艺术品一般欣赏着她。

"蝉儿，睁开眼，望着我吧。"

她摇摇头，掩饰不住心中的羞涩。

貂蝉无法料到，关于她的谣言正瘟疫一般在曹军军营中流传，他们是打算置她于死地的。

传播谣言的是刘备和张飞，他们在这个月黑风高之夜，像一枚生锈的钉子，插入曹操的军营，到处传播曹操要纳貂蝉为姜的谣言。

"你们的主公要纳貂蝉那个妖精为姜啦，你们主公的人头迟早要像董卓、吕布那样'咔嚓'一下掉下来，你们的人头也迟早要跟着掉下来……"

刘备骇人听闻的话语使曹操军营的士兵们都忧心忡忡，惊惶不定起来。

刘备和张飞在曹操的军营中穿行着，谣言毫不费力地四处传扬，人们的心像盛了半瓶子水的杯子，逐渐晃荡起来。

女人是祸水。

曹操迟早要被祸水淹死。

曹操死了我们跟着遭殃。

与其等死，不如投了刘备。

惶恐像瘟疫一般在曹营里传播，像蝙蝠一般在月光下飞翔。

人们的心像秋天的树叶一般禁不住风吹雨打，瑟瑟发抖。

刘备和张飞则像一阵西北风，悄然而逝。

清晨的阳光无比温暖和煦，让人感到舒适、惬意。貂蝉坐起来，被子像流水一般从身上滑落，她的两只手伸向了阳光，热切地呼吸着新鲜的空气。生命的风帆，在一夜的休憩之后，重新撑了起来。

曹操静静地看着，欣赏着貂蝉美丽的身姿，她拥抱阳光的动作实在太让人着迷了。上天把貂蝉赐给了他，真是上天有眼啊，他再也不枉活一生了。

他下定决心要保护她，珍惜她。他有十万甲兵，谁敢来侵犯她，谁敢来把她抢走？

他会心地笑了。

貂蝉正好回头，她被曹操的微笑感染，问："你笑什么？"

曹操自嘲地摇摇头："我原以为我早就是英雄了，直到今天我才配得上称英雄啊……"

曹操穿戴已毕，走出卧室，只见谋士蒋干坐在堂中，脸上愁云密布。

"公台有什么要事相告？"曹操问道。

蒋干一见曹操，两手哆嗦，嘴唇像患了疟疾一般，颤抖不止，他费了九牛二虎之力，才说道："丞相，大事……大事不好，可能要发生兵变。"

曹操大惊，问道："此话怎讲？"

蒋干的话将曹操推入为难的境地中："丞相有所不知，昨夜营中有人传言说丞相要纳貂蝉为妾，还传说丞相迟早要落得董卓、吕布的下场，于是人心浮动不止……"

蒋干的言下之意，明眼人不难看出，是阻止曹操收拢貂蝉。

曹操沉吟片刻，他的心仿佛被浸泡进了苦涩的茶叶之中。

天赐貂蝉，究竟是天助，还是天灭？

他舍弃不了貂蝉，他生性喜好美女，曾宠幸过天下多少美女，可是他宠幸过的美女加起来都不及一个貂蝉，要把貂蝉从他身边割舍开来，就好像是要他的命。

没有貂蝉，他就算不上英雄，这是他刚刚亲口说的，他能收回去吗？

曹操将手一扬，说道："你且退下，这事让我再想想。"

"明公……"蒋干说着，跪倒在地。

曹操气愤地问道："你这又怎么啦？"

蒋干伏拜道："明公今日若不舍弃貂蝉，我就今日不起；明公明日若不舍弃貂蝉，我就永远不起……"

曹操大怒，抓起一个杯子，狠命摔到地上，骂道："我不就是要了一个女人？你就这么死在地上？"

蒋干仍跪在地，头也不抬。

这时，大门敞开。

一群披盔戴甲的将军们蜂拥而入，纷纷跪下，这些将军是曹操的心腹许褚、夏侯惇、夏侯渊等人。他们齐声说道："明公若不答应我们，我们就长跪不起。"

望着这一幕，曹操不禁愕然，半天才缓过劲来，他气得直发抖，指着他们说："原来你们是合计来害我啊。我有什么错，我不就要了一个女人吗？"

但这么多人的意志，如何能轻易地得到改变？看来，曹操只好要江山不要美人了。

貂蝉没想到，刚刚树立起的重新开始生活的梦想，在这个冬天的早晨被曹操击得粉碎。

貂蝉正在洗漱打扮，曹操满脸愁容地走进来，他垂着头，像一只斗败了的公鸡。

貂蝉从来没有见过一个男人，在短短的一刻钟之前，还意气风发；一刻钟之后，却垂头丧气，判若两人。她从来没有见过，也无从想象。

她问："你怎么啦？"

曹操默默无言地走过来，他的眼中布满忧伤，曹操捧起貂蝉的脸，大声叫道："不，不，我不能把你送人。"

貂蝉听他这么一叫，不禁大吃一惊，问道："你在说什么？"

曹操跪倒在地，痛哭流涕，将事情的原委原原本本地说了一遍。

貂蝉只觉得头越来越重，眼中一片模糊，泪水滚滚而出，她用平生的力气大声地、绝望地喊道："出去……滚出去……"

刘备万万没想到曹操竟然如此慷慨地将貂蝉赠送给了他。

貂蝉亭亭玉立地被两个侍女扶着，站在阳光下，宛若河边一株细柳，衣带飘飘而起。

刘备兴高采烈地带着貂蝉离开曹操，曹操望着貂蝉渐渐变得模糊的背影，心如刀绞。

貂蝉连看都没有看他一眼。

他的脑中像有无数只马蜂在"嗡嗡"叫唤，头晕眼花，只觉得有千万个太阳在爆炸。

部将们知道，曹丞相的头疼病又犯了，但他们怎能知道曹操心中的哀怨与悲痛呢？

冬日的太阳高挂在天上，好像是被人不经意地从天空中敲打出来的一个圆圆的洞穴，光线从洞穴里流出，倾泻而下。

貂蝉正像一株被绳子紧紧地缠绕的柳树一般，袅袅婷婷地走向了受刑台，走向了死亡，将士手中的大刀贪婪地注视着她那美丽动人的生命。

关羽的目光从她身上滑过，他的声音冷酷而没有丝毫温情，令人不寒而栗。"曹操把貂蝉送给大哥，这是曹操挑拨离间我们兄弟，妄图使我等自相残杀的奸计。我兄弟三人都是忠义之人，有难同当，有福同享，何必为区区一个貂蝉伤了和气。古语说得好，朋友如手足，妻子如衣服，依我之见……"

关羽说着说着喉咙仿佛被一个枣核给噎住了。

"怎么办？"张飞急躁地问。

关羽迟疑片刻，他不敢注视貂蝉。他的声音颤抖着，几个残酷无情的字从他口中跳出："不如杀了她。"

桃园三兄弟坐在离受刑台不远的帐中，等候着貂蝉这个绝代美人在这个世界消失的消息到来。

一个士兵慌慌张张地跑进来，说道："将军，谁也下不了手处斩貂蝉。"

外边人声喧哗，就像开水涨开了锅，久久不息。

"竟然还有这事？"刘备大惊，又对张飞说，"士卒无能，此事还是交给三弟吧。"

张飞十分犹豫地站起，心里直恨刘备。但他转念一想，大丈夫天不怕地不怕，难道还怕一个女人不成？之后，拖着丈八蛇矛而出。

又过了半晌，张飞气喘吁吁地走回来，将大刀扔到一边，抓起桌上一壶酒，"咕嘟咕嘟"猛灌一气，大声说道："大哥，二哥，我实在下不了手。"

刘备和关羽面面相对，你看着我，我看着你，半天没有言语。最后，刘备起身说道："你们等着我吧。"

说着走出帐篷，钻进了惨白的阳光里。

时间悄悄地流逝，过了好久，刘备返回将剑插在地上，脸涨得通红，背转着身面对帐篷，默默无语。

张飞无可奈何地说："二哥，看来只有你去了。"

关羽心中七上八下地走出帐篷。

穿过坟包一般的营地，便到了受刑台，貂蝉被一条绳子缚着。他惊恐地看到，她身上正散发着耀眼的光芒，照彻天地，晃得让人睁不开眼。

关羽步履沉重地上了受刑台，大刀倒拖在后，仿佛即将受刑的不是貂蝉，而是自己。

貂蝉闭上了眼，等待着那冰凉的一刀，那样一切就都结束了，她可以毫无牵挂地与这个世界告别。

然而，刀风的呼呼声迟迟没有降临。她睁开了眼，只见关羽一手持着青龙偃月刀，一手捂着眼睛，刀在他的手中颤抖。

"关将军，你砍吧，我不恨你。"貂蝉的摄人心魄的声音飘向关羽，使他浑身酥软，他的骨头也一节一节地软了下去。

大刀高高举起，无力地在阳光下画了一道弧线，快到达貂蝉令人心动神摇的头颅时，突然凝固在半空中，又被移去，甩开，在远处"当啷"落下。

关羽撕心裂肺地大叫："天——哪——"

桃园三兄弟要将貂蝉斩首的消息使曹操大为震惊，他马上派出谋士蒋干、荀彧前来制止。

蒋干、荀彧回来报告说貂蝉并未处斩，但也没成为桃园三兄弟谁的妻子，而是被送到一个叫静慈庵的小庙里出家了。

曹操心上的一块石头才落下地，他马上召来大将夏侯惇、夏侯渊、许褚、张䶮，说道："你们速往静慈庵将貂蝉给我接回来。"

静慈庵在银白皎洁的月光下显现出一种庄严，它闪闪发亮，宛若梦中的小屋。

凄凉的钟声从静慈庵里飘出，像一只孤独的鸟儿，在月光里孤独地穿行。

被月光覆盖的萋萋芳草，一片惨白惨白。远方狼的嗥叫，刺破长空，刺得人心疼痛不已。昏暗的天空，在叫声中变得四分五裂了。

楚楚动人的貂蝉在关羽青龙偃月刀的陪伴之下，凄凉地步入静慈庵中。冷而空旷的静慈庵，仿佛一个阔大的坟墓，让人窒息。

她灿烂的容颜将如鲜花一般在青灯古佛前枯萎，在这片坟墓一般荒凉、阴森而又恐怖的地方，老天，无人怜爱！

关羽敲响了静慈庵的庵门，敲门声在夜空中十分空洞地回响，伴随着漫长的等待。

门徐徐敞开。一个小尼姑红扑扑的脸在月光下浮现出来，她长着一张童稚的娃娃脸，身形窈窕，容貌姣好，看上去只有十四五岁。

貂蝉的目光触着那光滑的没有一缕青丝的头时，心里"咯噔"了一下，很快，她也将是这么一副模样，如瀑的长发将不再属于她了，她心中顿时有一种无比失落的感觉。

小尼姑引路，关羽在前，貂蝉在后向庵中走去。庵中十分清静，一株桂树的叶子尚未全部脱去，月光从树梢漏下来，地上树影斑驳，仿佛有无数双眼睛眨巴不定。

走过了一座门，又推开了一道山门。

四大金刚射出的八道凶光令貂蝉不寒而栗。

她实在无法想象自己将与这些尼姑为伍。

一个老年尼姑出现了，她枯槁的手上挂着一串用干涩的松果串成的念珠，显示了她一生的干涩与乏味。

她看见了关羽和貂蝉进来，以为是一对路过的夫妻前来投宿，便道："施主一路辛苦了。"

关羽连忙还礼。

老尼姑又回头对小尼姑招呼道："快去把东厢房打扫一下，让两位施主早点歇息。"

貂蝉见老尼姑将他俩误以为夫妻，脸不禁涌上一片绯红，随即一股莫名的惆怅涌上心头。

关羽连忙辩解说："我乃刘备帐下的大将军关羽，这位女子名为貂蝉，只因她看破红尘，情愿落发为尼，借宝地出家，伏望师父收留。"

貂蝉嗔怪地看了一眼关羽，关羽却连头也没抬，只顾和老尼姑谈话。

"天色已晚，且待明天再说吧。"老尼姑说着，将手指向东边的厢房，对关羽说，"你睡那间厢房。"

她又转身与东厢房正对的西厢房，对貂蝉说："你睡这间。"

然后，又将小尼姑叫出来，吩咐她将两间厢房都打扫一遍，便转身走入自己房中。

关羽提刀走向东厢房，貂蝉迟疑了一下，喊道："关将军，等等……"

关羽头也不回，大踏步奔东厢房而去。

貂蝉满怀惆怅地走进西厢房。

西厢房内，除了一张桌子、一把椅子和一张床外，再无他物，只有檐上的蜘蛛孤独地营造它的网，风从厢房木板的缝隙里吹进来，把蛛网吹得一晃一晃的，让人眼花缭乱。

风在屋外凄厉地号叫，月儿被乌云吞没，四周漆黑一片，伸手不见五指。

貂蝉躺在一片黑暗中，心在黑暗里孤独地穿行，迷失了归路。

就在这黑暗中，貂蝉度过了又一个漫漫的长夜。

清晨来临了，古庙中，仍然一片昏暗。座上的释迦牟尼透过袅袅而上的青烟，似笑非笑地注视着人间。

第六章 红颜祸水，可怜天下英雄情

附　录

貂蝉身世下落之谜

　　说到三国，就必须提到中国四大美女之貂蝉。众所周知，三国中"吕布戏貂蝉"是非常精彩的桥段。吕布失败后，美女貂蝉的下落也同样是人们关心的一个话题，其最终的结局到底是怎样的呢？貂蝉究竟情归何处呢？

　　貂蝉是《三国演义》中最为重要的一位女性形象，其善歌舞，色伎俱佳，虽无更多的过人之处，但却凭借自己的美貌在诸侯争霸的战乱年代，辗转于各诸侯之间。《三国演义》作者罗贯中分别用两首诗歌来赞叹貂蝉的歌舞双绝，有词赞之曰："原是昭阳宫里人，惊鸿宛转掌中身，只疑飞过洞庭春。按彻梁州莲步稳，好花风袅一枝新，画堂香暖不胜春。"又诗曰："红牙摧拍燕飞忙，一片行云到画堂。眉黛促成游子恨，脸容初断故人肠。榆钱不买千金笑，柳带何须百宝妆。舞罢隔帘偷目送，不知谁是楚襄王。"面对貂蝉的美貌，董卓更是称赏不已。当然，貂蝉的美貌已无须多言，名列四大美女的她素有"闭月"之称，意为月亮的光芒也不及她的美丽，而从貂蝉的事迹来看，她更是深明大义、机智过人，实在是演义中极为光辉的人物形象之一。

　　作为三国历史中最为闻名的女子，貂蝉的事迹在史书中却少之又少。鲁迅先生在所著的《小说旧闻钞》中说："有一本失传的《汉书通志》记载：曹操未得志时，先诱董卓，进貂蝉以惑其君。"如此说来，竟是曹操把貂蝉献给董卓的，但是根据曹操的为人以及其后他对董卓的行为来看，这个说法不可信。

不过，现在较为流行的一种观点认为，历史上其实并无貂蝉其人，貂蝉的形象完全是后人虚构出来的，而且这种说法也得到了三国史和《三国演义》研究界多数学者的共识。因为在《三国志》《后汉书》这样的史书当中并没有提到貂蝉的字眼，只有区区一句话还有些许貂蝉的影子，即"布与卓侍婢私通，恐事发觉，心不自安"。在《三国志·魏书·吕布张邈臧洪传》的全篇中连名姓都没有，只是称其为"卓侍婢"，也没有交代容貌、身家、来历等信息，更是没有交代其与吕布、董卓之间的决裂有何关系。

吕布命殒白门楼后，这位绝世美女的下落也同样成了一个谜团，让人捉摸不定，更多的人仍在关心着貂蝉其后的命运。不过可惜的是，作者罗贯中也没有把她的结局交代清楚就草草了事了。只是在第十九回"下邳城曹操鏖兵，白门楼吕布殒命"中，吕布将要败亡之前，貂蝉有过短暂的出场，劝诫吕布"将军与妾做主，勿轻身自出"。吕布放弃了陈宫的妙计，被擒身亡。原本那个深明大义、侠肝义胆的貂蝉似乎随着连年的征战已经被磨去了原有的棱角，变得碌碌无为，儿女情长了。吕布死后，罗贯中没有再向读者介绍貂蝉此后何去何从，也许是被好色的曹操金屋藏娇，也许是同吕布一样被处死，罗贯中的这一疏忽竟成了一个让后人不解的千古谜案。

在民间，关于美女貂蝉的下落存在着"惨死"和"善终"两大系列。

"惨死"系列里面有三种不同的版本，第一个版本是昆剧《斩貂》中描述吕布在白门楼被曹操斩首，他的妻子貂蝉被张飞转送给了关羽，但关羽拒绝接受这位带有污点的女子，恐其水性杨花、朝三暮四，于是乘夜传唤貂蝉入帐，拔剑痛斩美人于灯下。第二个版本出自明剧《关公与貂蝉》，剧中貂蝉向关羽痛诉内心的冤屈，并详细讲述了自己施展美人计为汉室锄奸的经历，以此赢得了关羽的爱慕与景仰。但是关羽最终决定为复兴汉室而献身，貂蝉也只好怀着满腔柔情自刎，以死来证明自身的政治贞操。第三个版本讲述的是貂蝉在关羽的庇护下逃走，削发为尼，但曹操派人追捕，为了不使关羽等人难做，貂蝉毅然拔剑身亡，一缕幽怨的香魂，随着国家大义而去。

"善终"系列也同样有三个版本。第一个版本是貂蝉最终出家为尼，并以佚名的方式写下了杂剧《锦云堂暗定连环计》，以此向世人表明自己的政治贡献，最终在尼姑庵里寿终正寝。第二个版本则是说关羽没有贪恋女色，而是护送貂蝉回到其故乡木耳村。貂蝉则一直未嫁，最终被乡人建庙祭奠。第三个版本称貂蝉被关羽纳为小妾，并送往成都定居，但是关羽却没有想到自己最后竟是兵败身死，而可怜的貂蝉从此流落于蜀中，成了一名村妇。

总之，关于"貂蝉"其人，在正史的记载中是非常模糊的，仅仅是一个若明若暗的影子而已。其下落究竟如何，至今已经很难考证。但我们可以根据情理来推断一下：董卓死后，貂蝉落入了吕布之手；吕布败亡后，她又辗转到曹操手中。尽管这些都没有史书的记载，但也是合乎逻辑的。至于她的最后下场如何，由于史书绝无记载，便是一个千古之谜了。我们也可以做一个合理的推断，不外乎有两种可能性：一种可能，是在曹操宫中了却余生。吕布败亡十二年后，即建安十五年，曹操在邺城修建铜雀台，纳诸伎于其上，习演歌舞，或许"貂蝉"应该也包括在内吧。另一种可能就是在残酷的战争环境中，貂蝉作为一个随军的弱女子，随时随地都有生命危险，不知何时就已经香消玉殒了。

吕布戏貂蝉之谜

貂蝉，中国古代"四大美女"之一。原为司徒王允家的歌伎，为了帮助王允为国除奸，自愿献出身体，通过自己的姿色周旋在各派政治人物之间，倾倒了众多英雄豪杰。她用"连环计"离间董卓和吕布，最后借吕布之手，诛杀了董卓。

貂蝉长得明眸皓齿，玉骨冰肌，秀外慧中，堪称人间的绝色。传说她的容颜连月亮都羞与其比拟，只要貂蝉出来，月亮就会躲到云彩的后面不敢与她争辉，"闭月羞花"的"闭月"即指此意。后流落到司徒王允的府中，王允对她十分照顾，像看待自己的亲生女儿一样。

当时宦官弄权，天子孤立于上，家奴挟制于下。外戚何进欲除宦官，轻召外兵，命西凉董卓入朝。董卓还在路上，何进已被宦官谋杀。董卓进入洛阳后尽杀宦官，不久控制了朝政。

董卓已取得朝廷大权，遂决定废去少帝。他召集公卿会议，说皇帝在丧不哀，无人子礼，不宜为君。群臣都不敢说话，董卓命解去少帝的玺绶，一并幽禁了何太后，然后拥立年仅九岁的陈留王刘协为帝，是为汉献帝。董卓派吏携鸩酒，毒死了少帝及何太后。少帝在四月时嗣位，九月被废，在位只有五个月，死时仅十五岁。董卓自封为郿侯，加斧钺虎贲，出入僭天子仪仗；不久又晋位相国，入朝不趋，赞拜不名，带剑履上殿，汉献帝像一块木头任他摆布。百官见到董卓，均须伏地迎送。

吕布原是武猛都尉丁原的主簿，少年英武，力敌万人，丁原对他极为看重，倚为心腹。董卓想笼络吕布，赠给了他一匹赤兔马，此马浑身颜色如火，每日可行千里，又另送了许多数不清的珍宝，古语有"人中吕布，马中赤兔"，用来形容吕布的英雄气概。吕布为财物所动，遂刺死了丁原，转而依附董卓。董卓让吕布做骑都尉，吕布甘认董卓为义父。董卓又取出许多金帛，让吕布将丁原旧部招诱至麾下，从此董卓的声焰益炙。

董卓贪恋财色，他纵兵搜索豪富之家，见值钱的东西便取，见美貌的妇女就掳去，号为"搜牢"。洛阳的许多贵戚，历年积累的资财，所有娇妻美妾，此时尽被董卓占去。董卓亲自查验兵士抢掠回来的东西，贵重的珍宝、美艳的妇女都自己留下来，其他散分给将士。董卓还从宫中任意掠夺宫女、嫔妃及公主，每日逼令她们侍寝，恣情蹂躏。

西凉随来的军队，出入护从，董卓想加以犒赏，又没有合适的理由，于是在黎明时，率兵出城至十里外，将乡村良民，不论老少全部斩首，首级挂在车辕，说是杀贼凯旋，借此大犒三军，这样的事发生了许多次。长安附近的乡村，几被灭绝人烟。

侍御史尤龙宗见董卓时忘记解下佩剑，被董卓叱为无礼，命吕布击死。越骑校尉伍孚代为不平，在朝服内藏利刃，欲伺便行刺董卓，事不成被处以极刑。

袁绍联络天下郡守起兵关东，还有白波人郭太聚众至十余万，寇太原，破河东，气焰甚盛。当时洛阳有童谣云："西头一个汉，东头一个汉，鹿走入长安，方可无斯难。"董卓想迁都长安，以避兵锋，于是草草整装，让汉献帝与文武百官先走，驱洛阳人民数百万口尽徙长安。董卓严定限期，不准挨延，官民皆弃去田园庐舍，扶老携幼，仓皇就道。路上盗窃乘隙偷夺，以致饿殍载道，暴骨盈途。董卓令军士纵火，尽毁洛阳的宫庙民庐，二百里内鸡犬不留，皆成赤地。又让吕布发掘历代帝陵及公卿以下坟墓，收取墓里的珍宝。

董卓役民夫二十五万人，建筑郿坞，城郭规模如长安。又派亲吏四出，采选民间少女八百人，藏于郿坞中。金玉珍宝，锦绣绮罗，逐日运积，不可胜数。已故的度辽将军皇甫规之妻颇有才名，工草书，善诗文，又生得天然秀媚。董卓用车辎百乘，马二十匹，奴婢钱帛无数，往聘皇甫规的妻子。皇甫规妻断然拒绝，董卓再三催逼，诱以重利，迫以淫威。皇甫规妻自知不免，索性毁容易服，自去董卓门长跪陈情。董卓让左右揪住规妻发髻，系在车轭，活活鞭挞而死，并弃尸野外。

郿坞与长安相隔约二百六十里，董卓欲去郿坞，临行前百官俱至横门外饯别。饮至半酣，有北地降卒数百人前来报到，董卓令卫士把降卒为下酒物，割舌，斩去手足，凿去眼目，再用大镬烹煮，悲号声震彻都门。座中诸官僚吓得魂不附体，或至战栗失箸，独董卓谈笑自如。

董卓的暴行引起了全国官民的一致愤慨，司徒王允也是其中一位。他平时曲意取容，凡事多告知董卓才施行，董卓对他没有嫌疑。其实王允是让董卓不加提防，暗地里却在设法除去董卓。董卓时刻有吕布护卫，一般人难以接近，王允遂决定先从吕布打开缺口。

王允以珠宝馈送吕布，渐渐与吕布互相往来，结成好友，但珠宝不足以使吕布与董卓反目。王允愁思莫展，貂蝉感念王允厚遇，一直希图报答，此时见王允心事重重，于是乘左右无人时问王允为何忧虑。王允便引貂蝉至密室，谈了他欲除去董卓的意图。

貂蝉慨然说："我蒙大人厚恩，恨无以报，今既有此谋，就将我献与吕布，叫他刺杀董卓便是了！"

王允叹气说："吕布与董卓情同父子，岂肯为你一言，便去行刺？事若不成，非但王家灭族，汉室也从此倾覆了！"貂蝉也不禁沉吟。王允徐徐说："我有一计，可以使吕布杀董卓，但未知……"

貂蝉应声说："愿听尊命，虽死不辞！"

王允附耳与语，貂蝉颊晕红潮，徘徊片刻，貂蝉说："若与国家有益，贱妾亦何惜一身？但唯司徒筹划。"王允又怕她轻自泄谋，再三叮咛，于是貂蝉对天设誓，最后王允向貂蝉下拜，并认貂蝉为义女。

第二天，王允邀吕布夜宴，酒至数巡，召貂蝉侍席，吕布听见环佩声响，一阵芬芳飘到筵前。不久貂蝉姗姗而来，行同拂柳，翩若惊鸿，到了吕布座前，轻抬玉手，提壶代斟。吕布见她一双柔荑，已不觉销魂，再看那闭月羞花的容颜，早不知身在何处了。貂蝉秋波频送，吕布魂魄俱散。王允连呼数声，吕布才隐约听见，方觉似梦初醒。酒一杯接一杯，不觉已大醉。王允再令貂蝉歌舞侑觞，貂蝉展莺喉，摆柳腰，长袖生香风，吕布耳眩目迷，心神俱醉。忽然歌罢舞歇，貂蝉脸上略现红晕，至吕布座前告辞，临走前凝眸一笑，随即返身退去。

　　吕布目送芳踪，痴望不已，早瘫痪在座中了，好半天，他才回头问王允："此女何人？"王允说是义女貂蝉。吕布又问及曾否嫁人，王允又答言未嫁，吕布还在叹不绝口。王允直说道："将军如不嫌小女鄙陋，谨当使侍巾栉！"吕布一跃而起，"司徒可是真话？"王允微笑说："美女当配英雄，天下英雄唯有将军，还恐小女不配，怎得说是虚言呢？"吕布倒身下拜说："承司徒见赐，恩重如山，布誓当图报！"王允即与吕布约定迎亲的吉期，吕布欢喜而去。

　　过了几天，王允伺吕布外出，请董卓过来赴宴，王允大摆筵席，水陆毕陈。董卓高坐正位，王允在一旁相陪，边饮边谈，说了许多阿谀的话，待董卓已微醉，仍令貂蝉出来侑酒。待貂蝉出来，董卓还以为姑射神人，汉宫飞燕也为之逊色，她未语先笑，董卓早心旌摇荡，连饮酒也忘了，便问王允此女的来历，王允说是一个歌伎。董卓赞叹说："真是绝世无双！"王允即说："既蒙太师见赏，便当献与太师！"董卓不禁大喜，待至酒阑席散，便携貂蝉回了董氏府第。

不久事为吕布所知，责备王允负约，王允却佯装说："太师过来为将军接取义女，允怎敢推阻？只好使小女随行，想来太师看重将军，故有此举，将军且去问明太师，与小女成亲即可！"吕布半信半疑，返入董卓府中，探听貂蝉的下落，谁知心上人竟被董卓占住。吕布怒气填膺，又去责问王允。王允劝解说："这大概是府中人误传，太师望重一时，怎会奸占儿媳？难道是因为吉期未到，以致此迟留，请将军再去问问。"

吕布听了王允的话，又回去探问。正巧董卓入朝不在，他步入凤仪亭，正与貂蝉相遇。貂蝉见了吕布，便泪流颐下，哽咽不止；吕布见她泪容满面，好似带雨梨花，怒气早已化为乌有，便替她拭泪。貂蝉且泣且语："将军别污了手，妾身已为太师所占，只望可见君一面，死也甘心。今幸如妾愿，从此与君永诀！妾为王司徒义女，侍君箕帚，生平无憾，不意堕入诈谋，被人强占，此身已污，不能再事将军，罢了！罢了！"说着竟撩起衣裾向荷花池内跳。吕布忙抢前一步，抱住纤腰，曲意温存；貂蝉若迎若拒，顺势依偎在吕布怀里，吕布遂决然道："空为一世英雄，却不能庇一女子，生又何趣？此生不娶貂蝉，布誓不为人！"

正缠绵间，突有一人快步跑进来，声如牛吼，吕布转身一看，正是董卓，他慌忙向外逃走。董卓顺手取得一支戟，挺戟直刺吕布，吕布眼疾手快，把戟格开，飞步跑了出去。董卓身肥行慢，追赶不上，用戟遥掷吕布，吕布已走远，戟在半空中落下。董卓怒责貂蝉，貂蝉说是吕布来调戏。董卓欲杀吕布，李儒急忙劝谏说："昔梦庄王绝缨之会，不追究调戏爱姬的蒋雄，后梦庄王得其相救。今太师欲成大事，却为一貂蝉而去手臂，大事不可为矣。貂蝉，一女子耳。吕布，天下猛将也。"董卓反问："你的妻子肯给吕布吗？"李儒脸红无言。不过董卓将此事搁过，不再追究。

吕布跑到王允府中，王允佯装叹息，说了几句深浅莫测的话，挑动吕布的怒气。吕布拍案大骂董卓，冲动地嚷着要去杀董卓，转念又泄气地说："若非情系父子，布即当前往！"王允微笑说："太师姓董，将军姓吕，本非骨肉，掷戟时难道有父子情吗？"这几句话提醒了吕布，他奋身欲行，前去杀董卓。王允急忙拦住，与他密议多时，遂定约而去。

初平三年，献帝有病，很多日不能起床。孟夏四月，献帝病已渐愈，在未央殿召见群臣。董卓也预备入朝，提前安排卫士临时护卫，令吕布随行。董卓恐吕布记念前嫌，好言抚慰，吕布也接连道歉，两下和好如初。这天夜里有十几个小孩子，在城东唱歌："千里草，何青青？十日卜，不得生！"这是个字谜，其意是"董卓十日必死"。有人传报董卓，董卓不以为意。

第二天清晨，甲士毕集，吕布也全身甲胄，手持画戟，守候在门前。骑都尉李肃入内请命，吕布与李肃打了一个照面，以目示意，李肃会意，匆匆径入，原来吕布与李肃要同谋诛董卓。

又过了一会儿，董卓内穿铁甲，外罩朝服，缓步出来，两旁的护卫兵士夹道如墙。吕布跨上赤兔马，紧紧相随。忽然前面有一个道人，手执长竿，竿上缚着一块布，布两边各写一个"口"字，嘴里不停地说："布！布！"董卓虽觉诧异，但以为陈兵夹护，自府中直至阙下，防卫周密，谅无他虞。将至北掖门前，马忽然停住，昂首长嘶，董卓至此也不禁怀疑，打算折回。吕布说："已至阙前，势难再返，倘有意外，有儿在此，还怕什么？"说着便下马扶车，直入北掖门。卫兵多在门外站住，只有吕布驱车急进，忽见李肃突出门旁，持戟直搠董卓，董卓重甲在身，戟刺不进；李肃移刺董卓的颈项，董卓用手臂一遮，腕上受伤，仰倒在车上。他大呼吕布因何对自己痛下杀手，吕布在身后厉声说："有诏讨贼！"董卓怒骂："庸狗也敢如此！"话未说完，吕布一戟刺入董卓咽喉，枭取了首级。吕布从怀中取出诏书，向众宣读说董卓大逆诛夷，余皆不问，于是内外董卓吏士的骚动渐渐平息。司徒王允使吕布回抄董卓家，又令御史皇甫嵩，率兵往屠郿坞。吕布跨马急去，驰入董卓府内，所有董氏的姬妾，一概杀死，只留下一个貂蝉，载回私第。

皇甫嵩攻入郿坞，董氏亲属，不分男女老幼，尽行被处斩，所藏良家妇女全部释放。黄昏的时候，市中有一具尸体横路，脂膏涂地，尸脐中用火点燃，光明如昼，皇甫嵩十分惊异，问明守尸的小吏，才知是董卓的遗骸。

董卓部下李傕、郭汜、张济等拥兵围攻长安。长安城破，王允被杀，吕布将董卓的头悬在马下，带领残骑数百人，投奔袁术去了。董卓死后，群雄逐鹿中原，吕布一度纵横无敌，但他为人有勇无谋，反复无常，导致众叛亲离，最后在白门楼被曹操枭首，而貂蝉下落不明。有民间传说她被关羽俘获，关羽责她红颜祸水，关云长喝了几坛子酒，趁醉眼蒙眬的时候杀了貂蝉。

史书上没有貂蝉的一字记载，而在野史小说中貂蝉事迹却倍极详细。在关汉卿的戏剧里，她叫任红昌，因在宫中掌管貂蝉帽，所以赐名貂蝉，估计是文学家的杜撰，不过也有学者如此考证。《后汉书·吕布传》云，吕布因小事不如董卓之意，董卓大怒之下持戟向吕布掷去，幸亏吕布手脚轻健方得避开，以及吕布与董卓侍婢私通之事，但没有提到貂蝉半字。杂剧《关公月下斩貂蝉》却说曹操欲以貂蝉的美色迷惑关羽，但关羽不为所动，杀死貂蝉以示心迹。

　　更多时候貂蝉是作为大众情人而存在。《诗经》云："昔我往矣，杨柳依依；今我思矣，雨雪霏霏。"貂蝉在每个人的心里都不经意地描了一笔，其空灵缥缈的形象千年后依旧可以"闭月"。

后　记

貌蝉是中国古代的四大美人之一。貌蝉的美，素有"闭月"之称；她的胆识，如《三国演义》所载，也绝不亚于昭君、西施。只是历史上的貌蝉，是否真如罗贯中所描绘的？史籍没有明确记载，因此，这位倾倒众多英雄豪杰的美人的真实身份，至今尚无定论。

一场场杀戮之后，除了血腥之外就是衰败，到处是荒淫无度，到处是鬼哭狼嚎……身穿白衣的窈窕少女，秀发如云，两手纤细地扶着木兰树干，春衫随风荡漾，摇曳不已……洁如幽兰吐芳，一双乌黑发亮的眸子，淡淡一转，摄人魂魄……

说来，貌蝉也是可怜，她也不过是连环计中的工具。貌蝉在演义中是位舍身报国的可敬女子，她为了挽救天下黎民，为了推翻权臣董卓的荒淫统治，受王允所托，上演了可歌可泣的连环美人计，周旋于两个男人之间，成功地离间了董卓和吕布，最终吕布将董卓杀死，结束了董卓专权的黑暗时期。

就是她，生就了闭月之貌的千古美女貌蝉。就是她，倾倒了三国各路英豪，在他们心目中，她超过一切。她半睡半醒，半推半就，让董卓、吕布父子反目，这是美人的力量，可以扭转乾坤，可以迷人心智，可以改写历史……

本书从多角度出发，对貌蝉进行了全面的解读。从其所处的年代，时代背景，社会政治等多方面讲述，为读者呈现出了一个多样化的人物。这是一本能够让人了解一代美女貂蝉的传说故事，也是一本能够让人获益匪浅的好书。

唐李长吉诗《吕将军歌》道"植植银龟摇白马，傅粉女郎大旗下"，说的就是貂蝉那段爱恨、情仇的传说。这是一个千古流传的故事，更是一段颠覆历史的政治谋略。只是，最后的最后，这位有着闭月之容的美女在男人的世界里周旋得太辛苦、太疲惫，最终发现真正的英雄原来只有宝剑，也只有这柄宝剑才能了却她一生的牵绊与烦闷。